명상에서 찾은 경영의 길

명상에서 찾은 경영의 길

시대를 앞서가는
리더들을 위한 마음챙김 명상

김범진, 노상충 지음

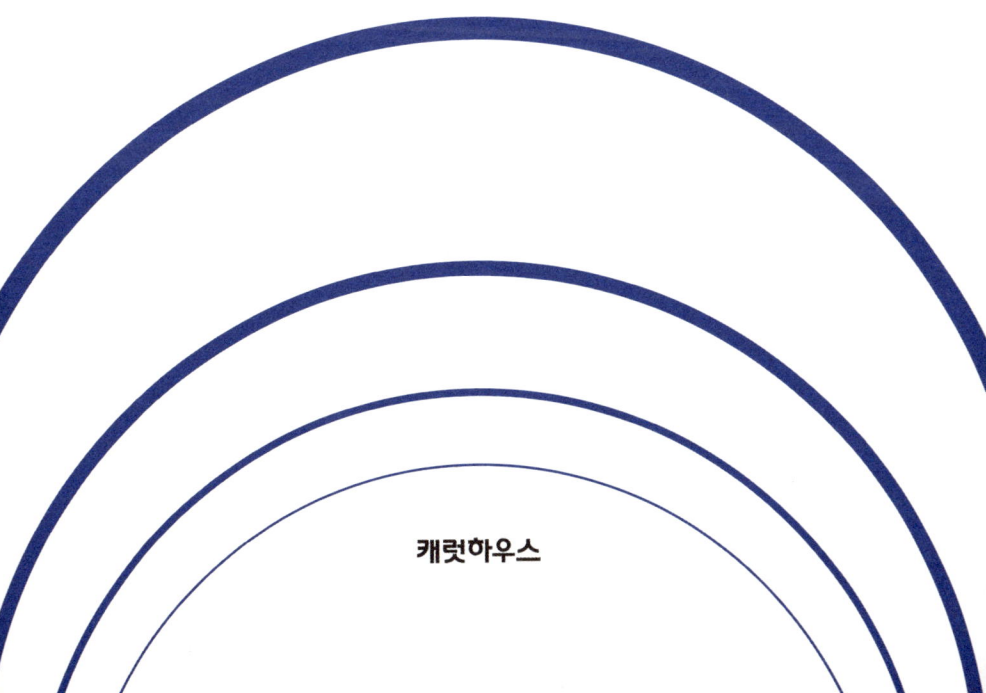

캐럿하우스

이 책을 읽기 전에

이 책은 명상 코치로 활동하는 사람과
회사를 경영하는 사람이 만나
각자의 이야기를 쓴 내용입니다.

chapter 1~3은 김범진의 이야기,
chapter 4~5는 노상충의 이야기,
그리고
부록은 독자 여러분이 직접 명상할 때
도움이 될 만한 이야기입니다.

앞에서부터 순서대로 읽지 않고,
마음에 드는 이야기부터 읽어도 괜찮습니다.

누가 썼는지 나누지 않고,
좋은 글귀나 내용은
마음속에 담아 두셔도 좋습니다.

이 둘의 명상에 대한 철학과
삶 속에서 찾은 명상의 의미가 다르지만,
결국
'명상은 우리 삶 속에 녹아 있어야 한다'라는 결론은 같습니다.

이 책을 읽는 여러분의 삶에도 명상이 자리 잡길 바랍니다.

김범진과 노상충 드림

**첫 번째
여는 글**

명상은 과연 우리 삶에 도움이 될 수 있을까? 내가 속한 가정, 공동체, 회사를 보다 좋은 곳으로 만들 수 있을까?

이들은 명상을 접한 이후로 줄곧 제게 화두처럼 다가온 질문이었습니다. 그 질문에 대한 답을 찾는 여정에서 만나게 된 것들이 이 책의 주요 내용입니다.

명상에 관한 책을 처음 내고 나서 강의와 코칭을 시작한 지 오랜 시간이 흘렀습니다. 많은 분으로부터 과분한 사랑을 받은 덕분에 전국 곳곳에서 명상을 주제로 다양한 리더분들을 만날 수 있었습니다. 예전에는 가장 많이 들었던 말이 '생각보다 젊어서 놀랐다'는 이야기였습니다. 당시만 해도 명상을 한다고 하면 나이가 지굿한 도사 같은 이미지가 있었는데, 젊은이가 나타나자 많이 놀라셨던 모양입니다. 그 후 시간이 흘러 제 머리에도 서리가 내려앉았고, 명상에 대한 이미지도 많이 바뀌었습니다. 산속에서 특별한 사람이 수행하는 것이라는 명상에 대한 이미지는 도심 속에서 누구나 언제든 할 수 있는 것, 기업과 가정에서도 충분히 할 수 있고 그 혜택을 누릴 수 있는 것으로 변화하게 되었습니다.

명상은 제가 예상했던 것보다 훨씬 빠르게, 훨씬 더 깊고 넓게 세상 속으로 스며들어 저 혼자 이러한 변화들을 담아내기엔 벅차다고 느꼈습니다. 그래서 실제로 기업 경영에 명상의 지혜를 접목해 오신 캐럿글로벌의 노상충 대표님과 함께 글을 쓰게 되었습니다.

노상충 대표님은 어린 시절부터 오랜 기간 명상 수행을 하셨을 뿐 아니라, 대학원에서 심리학으로 박사 학위를 받으셨고, 뇌과학 관련된 논문도 다수 쓰신 연구자이기도 합니다. 무엇보다 수행을 통해 얻은 지혜를 기업 경영에 적용하여 온 분입니다.

노 대표님과의 인연은 몇 년 전 한 경영자 수행 모임에서 시작되었습니다. 이야기를 나누던 중 노 대표님이 이 책의 근간이 된 저의 첫 번째 책 『행복한 CEO는 명상을 한다』의 독자임을, 또 대표님은 제가 캐럿글로벌 영어 교육 서비스의 애용자라는 걸 알게 되었습니다. 이것을 계기로 삶과 수행을 일치시키려 노력하는 노 대표님의 모습을 가까이서 볼 수 있었고 그것은 제게 큰 영감을 주었습니다. 그런 노 대표님과 함께 이 작업을 할 수 있게 되어 무척 기쁘고 영광입니다.

저는 명상에 관해 공부하고 또 글을 쓰며, 많은 명상 책들을 만나 왔습니다. 그런데 경영자가 직접 오랜 기간 명상을 하고 또 거기서 얻은 지혜와 평온함을 경영과 삶에 접목시킨 글은 쉽게 접하기 어려웠습니다. 그런 의미에서 노 대표님의 경험과 지혜가 담긴 글은 무척 만나기 힘든 귀한 글이라고 느끼고 있습니다. 부디 많은 독자분들께서 적어도 4~5장만큼은 꼭 읽어 주시기를 소망합니다.

명상의 깊은 전통이 현대의 생생한 흐름과 만나 더 많은 분들이 마음의 평안과 행복을 찾을 수 있다면 더할 나위 없이 기쁘겠습니다. 부디 이 책을 읽는 분들의 마음에 평온과 평화가 깃들기를 바랍니다.

김범진

**두 번째
여는 글**

저는 15살 때 명상을 처음 접했습니다. 그 순간이 저의 삶에 이렇게 깊은 영향을 줄 것이라고는 꿈에도 생각을 못했습니다. 이후로 '나는 누구인가? 나는 무엇을 위해 존재하는가?'라는 질문을 탐색하며, 명상과 저의 길은 점차 하나로 융합되었습니다. 그리고 자연스럽게 명상적인 삶을 살게 되었습니다. 돌아보면, 제 인생에서 가장 귀한 만남은 바로 명상이었으며, 이 소중한 인연에 깊이 감사하고 있습니다.

젊은 시절, 저는 직접 창업해서 사업가로서의 삶을 시작했습니다. 한 분야에서 사업을 일구고 궤도에 올린다는 것은 결코 쉬운 일이 아니며, 지난 23년은 하루하루가 도전이었습니다. 하지만 제 마음 한편에는 항상 인간의 마음과 의식에 대한 깊은 탐구심이 자리하고 있었습니다. 그래서 심리학 박사 과정을 공부하며 인간의 마음과 행동을 과학적으로 이해하고자 했고, 이어 한 대학 병원 연구소에서 뇌파를 기반으로 한 뇌과학 연구를 진행했습니다. 지금은 불교 철학을 공부하며, 삶의 본질과 깨달음에 대한 탐구를 이어 가고 있습니다.

경영자로서의 '현실적 과제와 인간 의식의 탐구'라는 이상적 목표는 서로 다르면서도 절묘하게 연결되어 있습니다. 이 치열한 공부와 삶의 균형 속에서 얻은 통찰과 깨달음이 있다면, 이 책을 통해 겸허한 마음으로 독자들과 나누고 싶습니다.

저는 세상의 모든 경영자를 존경합니다. 그들은 오늘날 세상을 변화시키고 나아가게 만드는 역할을 소임받았기 때문입니다. 하지만 경영의 현실은 결코 만만치 않습니다. 생존과 성공을 향한 여정은 속으로 눈물을 삼켜야 할 때가 많습니다. 저 또한 이 길을 걸어오며 많은 어려움이 있었지만, 이를 극복하면서 얻은 믿음이 있습니다. 그것은 바로, 경영자들이 자신의 의식을 확장하고 성장시킬수록 우리의 일터와 삶, 더 나아가 사회의 미래가 더 밝아질 수 있다는 것입니다.

우리는 자신의 의식 수준을 넘어선 삶을 살 수 없습니다. 그렇기에 의식을 확장하고, 일상에서 깨달음을 얻는 것이 중요합니다. 다행인 것은 이제 기업도 영성을 이야기하는 시대가 되었다는 것입니다. 일과 일터, 그리고 그 구성원들의 삶은 리더들의 의식 수준에 따라 크게 달라질 것입니다.

명상과 선(禪)의 본질은 단순히 마음을 고요히 하는 데 머무는 것이 아닙니다. 그것은 고요함의 토대 위에서 걸림 없는 역동적인 흐름을 만들어 내는 데 있습니다. 저는 이것이 훌륭한 경영자가 걸어야 할 길이라고 믿습니다.

이 책을 읽는 모든 분들이 의심 없이 그 자유로운 길로 나아가시길 기원합니다.

노상충

차례

첫 번째 여는 글 김범진   6
두 번째 여는 글 노상충   9

chapter 1   지혜로운 리더를 위한 명상

진정한 명상의 힘

명상하는 리더	19
명상을 권하는 회사	23
명상하는 리더가 필요한 이유	25
변화할 것인가? 있는 그대로 받아들일 것인가?	28
내면의 불안과 두려움을 알아차리기	33
명상이 주는 혜택	37
리더의 스트레스와 번아웃	40
명상이 만드는 변화와 혁신	43

chapter 2   평온한 리더를 위한 명상

명상은 경험에 명징함을 더하는 것

명상이란	53
마음챙김	56
마음챙김의 힘	58
알아차림을 돕는 질문	60
'지금 여기'에 깨어나기	62
수용	64
마음을 이루는 재료 들여다보기	67
감각과 느낌	68
생각	70
감정	76

chapter 3 　일터에서 만나는 감정

감정 관리도 업무 전략이다

분노와 화	81
짜증	84
두려움과 불안	86
당황스러움	89
부정적 감정과 느낌에 대한 코칭	90
리더들이 힘들어하는 것	91
변화보다 먼저인 것	93
감정 표현하기	95
깊이 있는 대화를 나누기 위한 자세	96
화를 위한 명상 : 화를 옮기지 않기	98
인지의 왜곡에서 벗어나기	102
자기 확장성을 해체하는 힘	104
욕망을 명징하게 바라보기	106
눈을 크게 뜨고 탁월함을 발견하기	108
먼저 인정하기	110
수용하기	111

chapter 4 　명상하는 CEO

삶, '의식의 진전'을 향한 여정

명상과의 조우	122
'마음'은 도대체 어디에 있는가?	123
미지의 영역	124
위대한 여정	125
사업, 만만치 않은 시작	126
회사도 고민한다	129

내가 사업하는 이유	130
성공한 CEO?	132
내면에 질문하기	134
자기 동일시에서 벗어나기	135
여우 사냥 : ego의 유혹	138
형성의 과정 : becoming	144
우리는 항상 무엇이 되고 싶다	146
Think week : 대장간	147
진정한 행복을 깨닫다	150
컬트 조직 : 성장 공동체	153
다양성, 개성의 발현	157
기업이 지향하는 것	159
사람과 기업 : 운명의 함수	160
조직의 역할	164
애착 행동 : 강력한 생존 특성	165

chapter 5 경영과 삶의 경계를 넘어

내면의 밀도를 높여라

배추꽃 : 쭉정이	171
시간을 내 편으로 만드는 힘	172
기업가가 지켜야 할 태도	174
스트레스라는 유령	176
리더의 역할	179
구제자와 파괴자는 한 끗 차이	181
겨울을 나며, 고통에 대하여	183
내 안의 '나' : 그림자(Shadow)를 넘어	186
일상에서 침묵이 필요한 이유	188

그림자를 밟고 서다	190
일상에서 드러나는 '신성' : 코뚜레	191
일상 속의 알아차림	194
시대정신 : 꽃들에게 희망을	197
나비의 소명	201
깨어 있는 리더 : 메타 인지	202
불확실성의 세계에 들어온 우리	206
영성이 있는 일터를 위하여	208
성공의 본질 : 통합	213
뜯어 놓은 시계는 가지 않는다	216
자신만의 길을 찾아가는 여정 : 명상	218
내 마음의 가죽신	222

부록   일터에서 쉽게 할 수 있는 명상법

명상을 위한 환경과 자세	226
몸에 대한 알아차림	229
감각과 느낌에 대한 알아차림	235
생각 알아차림	237
일터에서 할 수 있는 명상들	240
짧은 시간에 할 수 있는 호흡 연습	243
다양한 명상법	244

닫는 글 일터는 최고의 수행처	253

chapter 1

지혜로운
리더를 위한
명상

진정한
명상의 힘

명상하는 리더

먼저, 어느 회사 CEO의 사례로 시작해 보자.

월요일 아침, 김 대표는 책상에 앉아 그간 쌓여 있는 이메일을 살펴보고 있다. 수시로 전화벨이 울리고 할 일 목록에는 많은 것들이 적혀 있다. 늘 그렇듯 월요일 아침이면 불안하고 초조해진다. 뱃속에서 답답한 열기가 올라온다. 그걸 떨쳐내기 위해 아이스 아메리카노를 물 마시듯 들이켠다. 열이 머리끝까지 차올라서 괜히 짜증이나 화를 내고 싶을 때, 그는 명상 코치가 했던 말들을 떠올린다.

'지금 호흡이 어떤지, 내 몸과 마음이 어떤 상태인지 알아차리세요. 그리고 그것들을 흘려보내세요.'

그는 잠시 눈을 감고 심호흡을 한다. 호흡에 집중한다. 얼굴과 목, 어깨의 긴장을 알아차리고 풀어 준다. 머릿속에 꽉 차 있던 생각들을 흘려보낸다. 그는 몇 분 동안 그렇게 머물러 있다가 눈을 뜬다. 왠지 주위가 더 고요하고 평온해짐을 느낀다.

전 세계 많은 리더들의 사무실에서 벌어지고 있는 일이다. 명상이 가져다주는 통찰력과 창조적 힘이 알려지면서 사람들이 점차 더 관심을 가지고 실천에 옮기고 있다. 이것이 바로 많은 리더들이 바쁘게 조직을 운영하면서도 틈틈이 명상을 하는 이유다. 대표적인 리더들은 다음과 같다.

● 레이 달리오(Ray Dalio)

레이 달리오는, 세계에서 가장 큰 헤지펀드이자 운용 자산 1,500억 달러 이상인 브리지워터(Bridgewater Associates)를 창업한 경영자이다. 그는 "나의 개인 생활과 직업 생활에서 성공을 거두는 데 가장 필요한 것은 명상이었다(The single most important reason for whatever success I've had.)"고 말한다.

● 마크 베니오프(Marc Benioff)

클라우드 컴퓨터 서비스를 제공하는 기업인 세일즈포스닷컴(Salesforce.com)의 창업자이자 CEO인 마크 베니오프는 회사에 명상하는 공간을 마련해 두고 직원들이 명상을 할 수 있도록 격려하고 있다. 그는 회사에서 '마음챙김 문화'를 구현하고, 이것을 확산하려 노력하고 있다. 마크 베니오프는 자선 사업가로도 유명하다. 2018년에는 메러디스(meredith)사로부터 유명 시사 잡지인 「타임(Time)」지를 1억 9천만 달러에 인수하여 실제 소유주가 되었다.

● 아리아나 허핑턴(Ariana Huffington)

미국 인터넷 신문 허핑턴포스트(Huffington Post)의 공동 설립자인 아리아나 허핑턴은 10대 때부터 명상을 하고 있다. 그녀는 자신의 영향력을 활용해 명상을 전파하는 데 매우 적극적이다. 명상에 관해 그녀가 했던 말은 유명한데, 명상의 핵심을 매우 잘 파악하고 있다.

"명상은 생각을 멈추는 것이 아니다. 우리가 자신의 생각이나 감정 이상의 존재라는 것을 인식하는 것이다."

● 오프라 윈프리(Oprah Winfrey)

전설적인 방송인이자 기업가로 널리 알려진 오프라 윈프리는 명상을 꾸준히 하고 있으며, 명상을 알리는 데도 적극적이다. 그녀는 이렇게 말한다.

"(명상을 하고 나서부터) 새들의 지저귐 소리에 깨어난다. 침대에서 나오기 전 잠시 멈춰 주위에서 들려오는 소리를 알아차리고 이것에 감사함을 느낀다. 뉴욕에 있을 때도 마찬가지다. 난 쓰레기 수거 트럭의 부스럭거리는 소리에 눈을 뜨고 도시가 생기 있게 살아나는 것에 감사하며 일어난다."

이렇듯 많은 일류 기업에서 직원들에게 고요함과 통찰, 평화로움을 주기 위해 명상 문화를 격려하고 있으며 명상 교육과 명상실 등을 제공하고 있다.

기업가는 아니지만, 21세기 가장 탁월한 지식인으로 꼽히는 유발 하라리(Yuval N. Harari) 역시 명상을 통해 집중력과 통찰을 얻고 있다. 그는 자신이 『사피엔스』나 『호모 데우스』와 같은 긴 분량의 저작을 계속해서 집필할 수 있는 원동력으로 명상을 꼽고 있다.

유발 하라리는 젊은 시절부터 초기 불교 명상의 하나인 '위빠사나(vipassana)'를 매일 수행하고 있으며, 일 년 중 한 달 가량 집중 수행을 하고 있다고 한다. 덕분에 그가 수행했던 '고엔카식 위빠사나'라는 명상의 한 방식은 더 많은 관심을 받게 되었다.

위빠사나는 그것을 현대화한 사람에 따라 약간 방식이 다르다. 예를 들어 '마하시 위빠사나'는 미얀마의 승려인 마하시 사야도가 보급한 방식으로, 배가 부풀었다가 꺼지는 호흡을 관찰하는 것이다. 그리고 '고엔카 위빠사나'는 인도 출신의 사업가이자 수행자인 고엔카가 보급한 방식으로 코 밑에서 호흡에 집중하다가 몸 전체의 감각을 순차적으로 느끼는 방법이다.

명상을 권하는 회사

세계 최대 투자은행인 골드만삭스(Goldman Sachs Group)는 마음챙김 프로그램을 운영하고 있다. 직원들의 일과 삶에 마음챙김을 접목시키기 위한 이 프로그램은 '직장에서의 마음챙김(Mindfulness at Work)'이라는 이름으로 운영되고 있으며, 스트레스 관리, 감성 지능, 마음챙김 리더십과 같은 주제가 포함된다. 이 프로그램의 목표는 직원들이 집중력, 회복 탄력성 및 전반적인 웰빙을 개선하여 결과적으로 생산성 향상으로 이어질 수 있게 하는 것이다.

건강 보험 회사인 에트나(Aetna)에서는 만 명 이상의 직원이 회사에서 제공하는 마음챙김 수업에 참여하고 있다. 이 수업에 참여한 사람들은 스트레스가 감소했고 수면의 질이 개선되었으며, 일의 효율성이 향상되었다고 보고되었다.

한국의 대표적 기업인 SK는 선대 회장인 최종현 회장이 명상에 조예가 깊은 기업가였다. 그는 『마음을 다스리고 몸을 움직여라』라는 책을 냈을 정도로 명상에 관심도 많고 수행을 오래 하기도 했다. 그래서 일찍이 명상을 기업 문화에 도입했다. 명상으로 몸과 마음을 수련하는 심기신(心氣身) 프로그램을 모든 연수에서 실시하고 있으며, 신입사원 연수에서도 명상 프로그램을 항상 실시하고 있다. 이 명상 프로그램은 5주간의 교육 중 마지막 시간에 실시되는데 명상과 함께 과거와 현재, 미래의 자신을 돌아보는 과정이다. 또한 SK는 카이스트에 '명상과학연구소'가 설립되도록 지원하기도 했다.

삼성전자는 명상 도입에 있어서도 적극적이다. 직원들의 자발적인 공부와 수행이 일찍이 시작되었다. 2005년에 사내에서 명상 동호회가 처음으로 생겼으며, 필자 역시 2008년부터 2011년까지 명상 동호회에서 지도 강사로 임직원들에게 명상 지도를 한 적이 있다. 삼성전자는 2018년에 경북 영덕에 대규모로 명상 연수원을 건립하고 임직원들에게 명상을 배우며 휴식할 수 있는 공간과 프로그램도 제공하고 있다. 이곳에 입소하는 임직원은 모두 휴대전화를 반납하고, 호흡, 걷기 명상, 먹기 명상 등을 배운다.

LG는 LG디스플레이에서 경북 문경에 명상 센터를 두고 임직원들에게 명상 프로그램을 제공하고 있다.

명상하는 리더가 필요한 이유

그렇다면 이 시대의 기업과 조직에서 갑자기 명상에 주목하게 된 이유는 무엇일까?

21세기는 변화의 시대이다. 변화하지 않으면 살아남지 못한다. 오직 철저하게 변화하는 자, 미래에 적응하는 자만이 살아남을 수 있다. 반면, 21세기는 내면으로 향하는 시기이기도 하다. 외형적 성장만을 추구하던 개인과 조직들이 한계에 부딪치자 내면의 에너지에 집중하고 내면과 접속하여 해답을 찾으려 하는 시기이다.

현재 개인과 기업은 언뜻 상반되어 보이는 두 가지 도전에 직면해 있다. '변화'해야 한다는 것과 진정한 자기의 모습을 찾아야 한다는 것이다. 즉, 자신의 모습과 상대방의 모습을 있는 그대로 '수용'하고 존중해야 한다는 것이다. 그러나 이 두 가지는 통합되어야 하는 양극단이다. 마치 고급 차의 엔진이 강력한 파워를 내면서도 시동을 켰는지 안 켰는지 모를 정도로 조용한 것과 같다. 어쩌면 21세기의 리더는 과거 시대의 리더보다 더 크고 어려운 과제를 부여받게 되는지도 모르겠다.

비유하자면, 명상은 조용한 엔진을 만드는 데 필요한 고도로 전문화된 프로세스와 같다. 자신을 포함한 모든 존재를 지금 이 순간에 깨어 있는 그대로 받아들일 수 있도록 도와준다. 이는 자신을 정화하고 치유하는 아름다운 과정이다. 그러나 명상은 현실에서 변화의 힘을 만들어 내는 데 큰 힘을 발휘하지 못했다.

반면 리더십은 강력한 파워를 내는 데 탁월한 힘을 발휘한다. 강력한 비전을 세우고, 그곳에 도달하기 위해 팀원들에게 동기를 부여한다. 마치 로켓이 발사할 때처럼 엄청난 파워를 낸다. 하지만 리더십은 자신의 내면과 접속하여 그 자원들을 활용하고, 존재들을 있는 그대로 수용하는 데는 그만큼 효과적이지 못했다.

앞으로의 시대는 이러한 두 가지 대극, 즉 수용과 변화를 포용하고 통합할 수 있는 리더를 필요로 할 것이다. 오직 수용만 하고 변화하지 않거나, 혹은 변화는 하지만 자신 내면과의 접속을 잃어버린 '개인-조직'은 더 이상 생존할 수 없기 때문이다.

명상 리더십은 변화와 수용의 두 가지 과제를 어떻게 통합하여 적용할 수 있는지에 관한 것이다. 진정한 변화란 자신의 내면과 접속하여 내면의 힘을 극대화하는 동시에 다른 사람들이 자기 내면의 목소리를 듣고, 그 힘을 극대화할 수 있도록 하는 것이다. 즉, 내면의 힘을 토대로 수용에 바탕을 둔 변화를 만들어 현재를 있는 그대로 수용하고, 그것을 토대로 미래를 향해 한 걸음씩 나아가는 것이다.

많은 개인과 조직들을 만나 코칭하면서 느낀 문제점의 대부분은 수용의 문제이거나 변화의 문제였다. 이것을 극복할 수 있는 것은 바로 수용에 바탕을 둔 변화이며, 그것은 명상적인 리더십이기도 하다. 우리는 명상을 통해 수용의 지혜를, 리더십 속에서 변화의 지혜를 발견할 수 있다. 그런 면에서 명상 리더십은 기존의 명상이 제공하지 못했던 변화의 힘과 기존의 리더십이 주지 못했던 수용의 지혜를 통합하여 제공할 수 있는 새로운 리더십이 된다.

새로운 리더십에 도달하기까지는 많은 섬세한 작업들이 필요하다. 마치 강력한 파워를 내면서 조용한 엔진을 만드는 데는 숙련공의 섬세한 손길이 필요한 것처럼, 명상은 그 섬세한 과정을 밟아 가는 데 있어서 훌륭한 동반자이다.

무엇보다도 명상의 효과는 막연히 깨달았다는 느낌보다는 현실에서 성과로 나타나야 한다. 내가 맡은 일을 더 효과적으로 할 수 있고, 다른 사람과의 관계가 더 좋아져야 한다. 내 주위의 사람들로부터 더 큰 사랑과 존경, 더 깊은 신뢰와 관계, 더 많은 즐거움과 웃음, 더 높아진 팀워크와 성과로 나타나야 하며 어깨 위의 가벼움, 한밤의 깊고 달콤한 수면, 이른 아침의 쾌변, 밝은 태양 아래의 환한 미소로 나타나야 한다.

명상은 수행처에서 수행에 전념하는 수행자의 전유물에서 벗어나야 한다. 명상은 모든 개인이 자기 자신, 그리고 그들이 사랑하는 사람들, 일하는 팀과 회사, 국가와 인류를 더 행복하고 살기 좋게 만드는 데 직접적으로 기여해야 하며 그러한 역할을 할 수 있다. 지금의 시대가 존재와 내면에 대한 새로운 관점과 접근을 절실히 필요로 하기 때문이다. 그런 의미에서 명상과 리더십의 만남은 필연이다. 현실에 적용할 수 있는 명상, 그리고 깨달음과 수용에 기반한 리더십을 절실히 필요로 하는 것이 지금, 이 순간이기 때문이다.

변화할 것인가? 있는 그대로 받아들일 것인가?

명상 수행에 참가한 대기업 차장인 M 씨는 자신의 문제점을 이렇게 말했다.

"저는 줄곧 성과 지상주의로 회사 생활을 했습니다. 상사에게 그렇게 배우며 일을 했고, 또 회사에서도 그것을 원했습니다. 성과를 내기 위해서는 밤낮도 가리지 않았고, 기대에 못 미치는 직원이 있으면 가차 없이 질책하고 팀에서 내보내기도 했어요. 그러나 그렇게 지내다 보니 팀원들의 사기는 점점 떨어졌고 제가 하는 꼴이 보기 싫어서 나가는 직원들까지도 생겼습니다. 저 자신도 점점 황폐해지는 것 같아서 명상을 하면 좀 나아질까 해서 찾아왔습니다."

명상을 통해 자신을 되돌아보고 내면을 바라보면서 M 씨는 자신이 그동안 목표에 너무 집착한 나머지 '지금 여기'에서의 순간들을 놓치며 살았다는 것을 알게 되었다. 팀원들의 있는 그대로의 모습을 수용하지 못했고, 자신이 만들어 놓은 잣대에 항상 비교만 했던 것이다. 명상 수련을 마치고 돌아간 그는 매우 만족해하는 것 같았다. 그러나 시간이 얼마 지난 후 다시 만났을 때 그는 이렇게 털어놓았다.

"명상을 마치고 돌아가서는 정말 제가 다른 사람이 된 듯했습니다. 이제까지의 삶을 반성하며 지금 이 순간에 깨어서 충실하려고 했고, 팀원들도 있는 그대로의 모습으로 수용하려 했습니다. 마음이 정말 편해졌습니다. 팀원들과의 관계도 좋아졌고요. 그러나 점차 시간이 지나자 다시 성과에 대한 압박이 저를 누르기 시작했습니다. 팀원들을 그대로 수용하려고 하면서도 막상 목표가 눈앞에 닥치면 도저히 그럴 수가 없습니다. 점차 원래의 저로 돌아가고 있는 것 같아요. 오히려 예전보다 더 혼란스러워졌어요."

이것은 명상을 수련하면서 현실을 살아가는 사람이 고민하게 되는 문제 중 하나이다. 비슷한 사례로 어느 학부형의 이야기를 살펴보자.

자녀와의 갈등이 너무 심해 정신적으로 큰 고통을 받고 있는 학부형이 있었다. 공부를 하지 않는 자녀를 참지 못해 혼을 내면 아이가 반항하고, 그러면 그것 때문에 다시 혼을 내는 일상이 반복되었다. 명상 수행을 한 후, 이 학부모 역시 아이의 현재 모습을 그대로 인정하고 수용하려 했고, 아이와의 관계도 많이 회복되었다. 그러나 시간이 지나면서도 아이의 성적이 여전히 밑에서 맴돌자 그 학부모는 예전으로 돌아가게 되었다.

"저도 아이를 제 생각대로 안 된다고 혼내면 결국 관계만 나빠질 거라는 걸 잘 알아요. 그러나 이 성적으로는 변변한 대학도 가기 어렵다는 생각이 드니 그대로 둘 수만은 없잖아요. 그래서 다시 예전으로 돌아가게 돼요."

목표를 달성하기 위해 변화를 추구하는 것과 지금 이 순간에 깨어 있는 그대로 받아들이는 것은 양립할 수 없는 대극의 항처럼 보인다. 그리고 그것은 항상 변화를 추구해야 하고 성과 지상주의에 살고 있는 리더들에게나, 수용을 최고의 덕목으로 살고 있는 수행자들에게나 큰 화두이기도 하다. 이것은 양립하기 매우 어려운 것이어서 사람들은 두 가지 중에 하나만을 어쩔 수 없이 선택하곤 한다.

성장의 과정은 바로 이러한 대극의 항을 변증법적으로 극복해

가는 과정이다. 그러기에 동양에서 도(道)를 상징하는 태극(太極)은 항상 음과 양이 한 테두리 안에 포함되어 있다.

칼 융(Carl G. Jung) 역시 자신의 분석심리학에서 "인간은 자신의 내면에 있는 아니마(anima, 남성이 지니는 무의식적 여성성)와 아니무스(animus, 여성이 지니는 무의식적 남성성) 그리고 의식과 무의식의 대극을 통합해야 한다"고 말하며, 그때 비로소 진정한 자기로 성장할 수 있다고 보았다.

명상과 마음챙김의 효과가 알려지면서 심리 치료에도 이를 적극적으로 받아들이고 있다. 그중 주목받는 심리 치료의 방법 중에 변증법적 행동 치료(Dialectical Behavioral Therapy, 이하 DBT)와 수용 전념 치료(Acceptance Commitment Therapy, 이하 ACT)는 '변화와 수용의 딜레마를 어떻게 극복할 것인가'라는 문제의식에서 비롯되었다.

미국 워싱턴 주립대 심리학과 마샤 리네한(Marsha M. Linehan) 교수가 1980년대에 창안한 DBT의 핵심은 '현실을 있는 그대로 받아들여 내부 통합을 이루라'는 것이다. 이는 경계선 성격 장애 환자들을 위해 고안되었으나, 현재는 다양한 정신 건강 문제에 폭넓게 적용되고 있다.

DBT와 더불어 주목받는 ACT는 1980년대 후반 스티븐 헤이즈(Steven C. Hayes)와 그의 동료들에 의해 개발되었다. 두 치료법 모두 현대 심리 치료에서 중요한 위치를 차지하고 있으며, 변화와 수용 사이의 균형을 찾는 데 초점을 맞추고 있다. 이들은 고통스러운 감정이나 상황을 피하거나 억압하지 않고, 있는 그대로 받아들이는 '현실 수용'을 강조한다. 또한 현재 순간에 집중하고 비판단적으로 관찰하는 '마음챙김 기술'을 핵심 요소로 삼고 있다.

예를 들어, 슬프다면 그 슬픔을 피하기 위해 억압하거나 다른 재미로 도피하는 대신, 슬픔이 거기에 있음을 있는 그대로 받아들이는 것이다. 이러한 현대적 심리 치료 접근법들은 내부 경험을 변화시키려고 노력하는 대신, 그것을 받아들이고 더 큰 맥락에서 바라보는 법을 가르친다. 이를 통해 내적 갈등을 줄이고 심리적 유연성을 높여 궁극적으로 삶의 질을 향상시키는 것이 목표이다. 이는 수용에서 비롯된 여유와 통찰이 행동을 위한 에너지와 방향의 토대가 된다고 보는 것이다.

리더십에도 같은 문제의식과 해법이 필요하다.

목표를 설정하고 그것을 향해 달려가는 동시에 팀원들을 있는 그대로 수용하고 인정해 주는 것은 리더에게 양립하기 어려운 대립의 항이다. 그러나 그러한 대립을 극복할 수 있을 때 리더로서 성장할 수 있다.

명상의 취약점인 '성과의 결핍'과 리더십이 놓치기 쉬운 '수용의 결핍'을 어떻게 변증법적으로, 또 중도적으로 보완하고 극복할 것인가? 그래서 어떻게 수용에 바탕을 둔 변화, 존재(being)를 토대로 한 행동(doing)을 만들어 낼 것인가?

이는 현대를 살아가는 우리에게, 특히 리더들에게 던져진 커다란 화두이다.

내면의 불안과 두려움을 알아차리기

어느 한 리더의 이야기이다.

그는 새로운 조직의 장을 맡게 되면서 기업의 미래가 달린 중요한 프로젝트의 책임자가 되었다. 이 프로젝트에 성공하느냐 실패하느냐는 기업이나 자신의 미래에도 결정적인 사항이 되었다. 그때부터였다. 두려움과 불안이 거대한 파도처럼 밀려오기 시작한 것은.

그는 잠시도 가만히 있지 못했다. 자주 회의를 소집하고, 업무 진행 상황을 수시로 체크했다. 그럼에도 왠지 앞으로 나아가지 못한 채 제자리를 빙빙 돌고 있는 느낌이 들었다. 그는 자기 자신과 직원들을 더욱 보챘다. 더 자주 미팅을 하고 밤을 새웠다. 그러던 어느 순간, 자기 자신이 왜 그러고 있는지 한심하게 느껴졌다.

왜 나는 이러고 있을까? 내가 혹시 불안해서 그런 것은 아닐까?

위 이야기는 비단 한 리더에게만 해당되는 것이 아니다. 우리 모두는 나름의 불안을 가지고 있고, 그 불안을 연료로 이런저런 일들을 벌인다. 때로는 그것 때문에 성취를 이루기도 하지만, 더 많은 경우 나와 다른 사람들을 소진시킨다.

불안은 머릿속의 원시 뇌인 편도체(amygdala)를 자극한다. 모든 에너지에는 한계가 있다는 것을 감안하면 뇌 속에서도 같은 일이 벌어질 것은 너무나 분명하다. 보다 인간적인 뇌, 미래를 계획하고 다른 존재를 보살피는 전전두엽(prefrontal cortex)에 가던 에너지는 적어지고, 대신 생존 본능을 담당하는 원시 뇌에 불이 켜지는 것이다.

불안과 두려움으로 편도체가 활성화되면 우리 몸은 '생각'보다는 '행동'에 힘을 실어 준다. 과거 초원에서 맹수를 만났을 때 빨리 도망가거나 맞서 싸워 이겨야 했기 때문이다. 그리고 뇌와 위로 가던 피는 줄어든다. 생각은 짧아지고 소화는 잘 되지 않는다. 대신 그 피는 손과 발, 심장으로 치달려 우리를 무언가 하게 한다. 미친 듯 무언가를 해야만, 마치 가상의 맹수와 싸우듯이 맹렬하게 행동해야만 그 불안이 조금은 가라앉기 때문이다.

반면 마음이 고요한 사람은 다르게 반응한다. 불안이 밀려올

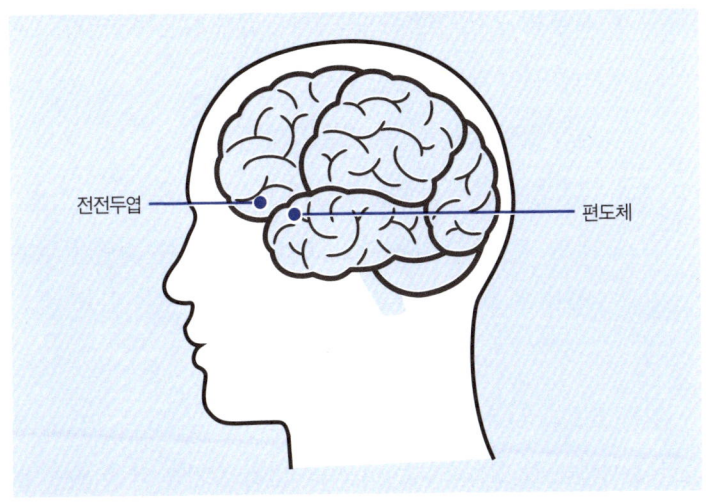

때 그 불안을 알아차린다. 호흡이 짧아지고, 심장이 빠르게 뛰며, 목과 몸통이 굳어지는 것을 느낀다. 그 불안이 일으키는 미래에 대한 걱정 담긴 생각들을 바라보고, 그 걱정이 다시 지금의 자신을 집어삼키지 않도록 한다. '이것은 생각일 뿐'임을 알아차린 후 그 생각들을 바라보다가 흘려보내 준다. 심호흡을 하며 온몸의 긴장을 풀고 이완시킨다.

그러면 점차 편도체로 가던 뇌의 에너지가 서서히 전전두엽으로 배분된다. 심장과 손발로 가던 피의 흐름이 위장과 머리로, 몸 전체로 흐르기 시작한다. 그는 '해야만 해'라는 머릿속 명령을 흘려보내는 대신, 질문을 던진다.

- ✦ 지금 이 순간 가장 중요하면서 긴급한 일은 무엇인가?
- ✦ 어떤 것이 가장 현명한 결정인가?
- ✦ 내가 진정으로 바라는 것은 무엇인가?
- ✦ 그것을 위해 나는 무엇을 할 수 있을까?
- ✦ 내게 가용할 수 있는 자원, 조언받을 수 있는 사람은 누구인가?

깊은 호흡과 사유의 산책을 마치고 그는 눈을 뜬다. 그리고 중요한 순서대로 할 일들을 정리해 간다. 그리고 지금 이 순간에 집중하면서 하나씩 실행에 옮긴다.

불안을 알아차리고 흘려보내는 것은 우리 모두에게 유용하며 특히 리더들에게 이롭다. 왜냐하면 그 혜택으로 얻은 마음의 평온함과 밝은 에너지, 그리고 지혜로운 결정이 많은 사람에게 영향을 미치기 때문이다.

반대로 불안에 기반한 행동과 결정들은 자기 자신뿐 아니라 많은 사람에게 부정적 영향을 미친다.

앞의 예시에 나오는 팀장이 자주 팀원들을 미팅에 소집할 때 그것이 팀장의 불안에 기반한 것이었다면, 팀원들에게도 그 에너지와 느낌은 그대로 전달된다. 그것이 팀의 목표를 위한 것이 아니라 팀장의 불안 해소를 위한 것임을 팀원들도 자연히 아는 것이다.

이는 조직과 리더에 대한 신뢰를 깨뜨리고 불안의 에너지를 조직 내 구석구석에 스며들게 하며, 팀원들의 몸과 마음 건강에 나쁜 영향을 미친다. 불안은 쉽게 짜증과 분노로 번져 가기에 팀 내의 결속력을 붕괴시킨다.

불안은 우리의 사고와 시야를 좁고 짧게 만든다. 점점 자신만 아는 사람, 당장 눈앞에 닥친 문제만 바라보는 편협한 사람으로 만든다. 그런 분위기와 에너지를 싫어하는 사람들은 일찍 그 조직과 팀을 떠나기에 더 악화일로로 향한다. 그 악순환을 막는 것은 리더가 자신의 내면에서 일어나는 불안과 두려움을 알아차리고, 그 불안을 다른 존재에게 전가하지 않는 일에서 시작된다. 불안과 두려움을 고요함과 평온, 지혜로움으로 서서히 바꾸어 감으로써 리더는 비로소 한 걸음 내딛게 된다.

명상이 주는 혜택

내면의 목소리를 잘 듣는 것, 긴장을 이완시키는 것, 일어나는 현상을 잘 알아차리는 것, 집중하는 것은 모두 명상이 우리에게 가져다주는 혜택들이다. 명상을 통해 리더는 내면의 게임을 잘할 수 있고, 이를 통해 외면의 게임에도 더 편안하고 효과적으로 임할 수 있다.

많은 리더들이 외부의 대상과 싸우는 외면의 게임에는 능하다. 하지만 긴장, 분노, 불안 등 내면의 상태를 다루는 이너 게임(Inner Game)에는 익숙지 못한 경우가 많다. 이너 게임은 코칭의 창시자 중 한 사람인 테니스 코치 티머시 골웨이(Timothy Gallwey)가 창안한 개념이다. 테니스 게임을 비롯한 스포츠 게임은 물론이고 인생의 모든 게임은 외면의 게임과 내면의 게임으로 이루어져 있다.

외면의 게임은 외부의 난관을 극복하고 외적인 성취를 이루는 것이다. 테니스를 예로 들면 서브, 토스, 포핸드, 백핸드 스트로크, 발리, 백스윙 등을 어떻게 잘하느냐에 따라 외면의 게임 결과가 달라진다. 이와 반대로 내면의 게임이 있다. 이것은 집중력 상실이나 긴장, 자신감 저하, 자책과 같은 장애물에 맞서 마음속에서 펼치는 경기이다. 내면의 게임을 잘하기 위해서는 이완된 상태에서의 집중이 그 핵심이다.

우리 사회의 성공한 리더들은 누구보다도 젊은 시절을 외부 세계에서 정열적으로 에너지를 쏟았던 사람들이다. 그러한 자신에 대해 자신감도 있고, 또한 그런 면에서 성공했기 때문에 외부의 세계로 향하는 강한 관성이 있다. 그래서 이제는 자신의 내면을 바라봐야 할 시기가 되었음에도 그 관성을 내면으로 돌리기 어려운 경우가 많다. 그 결과 여러 정신적 불편함을 겪게 되는 것이다. 특별한 이유가 없음에도 허전함, 외로움, 답답함을 느끼는 것이 그 대표적인 예라고 생각한다.

　더욱이 한국 사회는 압축 성장을 하며 정신없이 앞만 보고 달려왔다. 또래 집단의 경쟁에 대한 압박이 그 어느 사회보다도 강하고, 부모의 기대에 부응해야 하는 의무감 역시 막중하다. 그러다 보니 자신의 진정한 내면의 목소리에 귀 기울일 기회를 갖지 못한 채 중년을 맞이하는 리더가 대부분이다. 한국의 리더들에게 더욱더 명상이 필요한 이유가 여기에 있다.

　명상은 자신의 내면과 접속하는 가장 좋은 방법 중 하나이다. 많은 사람들이 명상을 통해 자신의 내면과 접속하고 자신의 내면을 더 잘 이해할 수 있게 된다. 명상을 하다 보면 내가 느꼈던 답답함, 허탈함, 불안함이 어디서 비롯된 것인지를 알 수 있어 점차 치유가 된다. 그리고 그 결과는 다른 사람과의 관계가 좋아지는 것으로 나타나는 경우가 많다. 내면에 있던 찌꺼기를 다른 사람에게 더 이상 투사하지 않아도 되기 때문이다.

　우리에게 필요한 리더는, 외부 세계뿐만 아니라 자신의 내면에 대한 이해가 풍부한 리더이자 자신의 내면의 찌꺼기와 그늘을 다른 사람이나 조직에 투사하지 않는 투명한 사람이다. 이것이 우리에게 명상형 리더가 필요한 또 하나의 중요한 이유이다.

리더의 스트레스와 번아웃

현대적 의미의 '스트레스'라는 개념은 20세기 초에 생리학자인 월터 캐논(Walter B. Cannon)이 처음 정립했다. 그는 위협이나 위험에 대응하여 자신을 준비시키는 일련의 생화학적 변화를 'fight or flight response(싸움-도피 반응)'로 기술한 첫 번째 사람이다. 마사 데이비스(Martha Davis)라는 심리학 박사의 『The Relaxation and Stress Reduction Workbook(이완과 스트레스 감소 워크북)』에는 이에 대해 자세히 나와 있다.

그의 연구에 따르면 성과와 효율은 스트레스가 증가함에 따라 높아지고, 이것은 스트레스 정도가 지나치게 높지 않을 정도까지 유지된다. 그러므로 적당한 스트레스는 성과에 유익할 수 있다. 그러나 문제는 그것이 '지나치게' 될 때 심각한 문제로 나타난다는 것이다.

많은 기업들에서 인재들이 번아웃, 즉 탈진되어 제대로 성과를 내지 못하는 문제로 골머리를 앓고 있다. 미국의 질병관리센터에서 조사한 바에 따르면 미국 직장인들의 25~40퍼센트가 업무로 인해 번아웃을 경험하는데, 그 주요 원인은 스트레스이다.

한국의 상황은 이보다 더 심각해 보인다. 한국 직장인의 스트레스 지수는 세계에서 가장 높은 편으로, 2014년 OECD 회원국

중 직장인 스트레스 지수가 가장 높은 나라 1위에 선정되기도 했다. 통계청이 발표한 2022년 사회조사에서도 직장 생활로 인해 스트레스를 받는다는 비율이 62.1퍼센트로 가정생활(34.9퍼센트), 학교생활(35.6퍼센트)보다 높았다.

직장인 스트레스는 생산성과 경쟁력을 저하시키는 주범으로 인식되고 있다. 우울증은 스트레스 반응의 일종인데, 이것이 21세기에 근무 역량을 손실시키는 주요 요인의 첫 번째로 손꼽힐 것이다.

특히 이러한 스트레스와 번아웃이 기업의 핵심 인재에게 일어날 경우 회사에 더욱 심각한 문제가 된다. 주목할 것은 핵심 인재일수록 이러한 문제에 노출될 가능성이 더욱 높다는 것이다. '일은 잘하는 사람에게 맡겨야 한다'는 암묵적 룰이 있는 데다 상사들은 의식적, 무의식적으로 중요한 일이 생기면 가장 믿음직스러운 직원에게 일을 맡긴다. 이미 그 직원은 여러 사람으로부터 그러한 위임을 받아 무거운 짐에 비틀거리고 있는 상태임에도 불구하고 말이다.

직원의 몰입도에 따라 중요하게 다루어야 할 코칭 이슈들 역시 달라진다.

- ✦ 낮은 몰입도의 직원 : 지금 상황이 유지될 때 생길 수 있는 결과에 대해 알려 주고, 동기 부여하는 것이 중요.
- ✦ 중간 몰입도의 직원 : 보다 중요한 일에 집중할 수 있게 하고, 자신의 중장기 목표와 회사·팀의 목표를 정렬시킬

수 있도록 이끌어 주기.
 ✦ 높은 몰입도의 직원 : 번아웃이 오지 않도록 도움 주기. 지속적 성장 지원하기.

현대는 누가 빠르게 움직이고 강한 집중력을 오래 발휘할 수 있는가에 따라 승부가 결정되는 냉혹한 경쟁의 시대이다. 빠르게 움직이면서 강한 집중력을 오래 발휘하려면 그만큼 강력하면서도 빠른 이완(육체적·정신적·영적인 이완)이 필요하다. 얼마만큼 빠르게 충분히 이완했는가는 얼마만큼 더 높이 날아오를 수 있는지를 결정한다. 명상은 몸뿐만 아니라 정신적·영적으로도 우리를 재충전시켜 주는 매우 탁월한 방법이다.

명상은 사람들이 겪는 스트레스를 감소시켜 번아웃되지 않도록 효과적으로 도울 수 있을 뿐 아니라 인간의 행복감을 향상시키고, 작업의 효과성을 높인다.

이러한 명상의 효과를 들려주었을 때, 참가자 중 한 분이 질문을 했다. "양계장에서는 닭들이 병에 안 걸리고 최대한 알을 많이 낳도록 항생제와 안정제를 준다고 하는데, 혹시 명상이 직장에서 그런 역할을 하는 거 아닌가요?"

설령 만에 하나 그것이 사실이라 하더라도 명상은 이미 수천 년 동안 개인의 성장과 성숙, 그리고 건강에 도움이 된다는 것이

검증되어 온 방식이다. 어떤 이유로든 기업에서 명상을 도입한다면 그 가운데서 개인과 조직이 자신에게 가장 도움이 되는 부분을 충분히 수용할 수 있다고 본다. 명상이 새로운 통찰을 통해 한 차원 더 높은 단계로 개인과 조직이 성장할 수 있게 하는 것은 분명한 사실이기 때문이다.

명상이 만드는 변화와 혁신

"명상을 하면 뭐가 좋아지나요?"

명상을 지도할 때 자주 듣는 질문 중 하나이다.

나는 "피부가 좋아집니다"라고 답변하곤 한다. 물론 농담이긴 하지만 진실이 담긴 농담이다. 명상을 하면서 많은 사람들의 안색이 맑고 환하게 변해 가는 것을 보았기 때문이다.

예전에 나에게 명상을 가르쳐 주셨던 선생님 중 한 분은 안색이 너무 좋아서, 문의만 하러 왔던 많은 사람들이 그분의 얼굴을 보고 수행할 정도였다. 그러나 안색이 좋아지는 것은 명상의 많은 효과 중 극히 일부분일 뿐이다.

명상의 효과는 과학과 측정 기술의 발달에 따라 점차 구체적으로 밝혀지고 있다. 이제까지 밝혀진 다양한 효과 중에 대표적인 것을 소개한다.

● 불안과 두려움의 감소와 행복감의 증가

명상을 통해 체감할 수 있는 가장 뚜렷한 효과이다. 왜 그럴까?

35쪽의 그림을 다시 보자. 전전두엽은 인간 진화의 최종 산물이다. 인간이 인간다운 생각과 행동들, 즉 도덕적 판단을 내리고 미래를 예측하며 다른 존재에게 연민을 느낄 수 있는 것은 전전두엽 덕분이다. 반면 편도체는 가장 오래된 뇌 부위 중에 하나로, 뇌의 레이더에 비유되곤 한다.

위협을 감지하면 편도체는 '투쟁-회피 반응'을 일으키고 코르티솔과 아드레날린 같은 호르몬을 분비시켜 위험에 대응하게 하며, 심장 박동이 빨라져서 다리와 팔에 더 많은 피를 보내 힘을 쓸 수 있게 만든다. 반면 소화나 깊은 생각 등 지금 긴급하지 않은 활동 등은 억제한다.

그런데 문제는 이러한 편도체 중심의 반응이 원시 시대에 완성되었다는 것이다. 물리적 위협이 상존하고 식량이 부족하던 시대에 만들어진 편도체는 현대와는 맞지 않게 되었다.

현대인에게 멧돼지나 곰은 더 이상 위협이 아니다. 늘 곁에 있는 상사나 매일 마주하는 고객이 더 큰 스트레스 요소다. 또 이전의 위협은 즉각적으로 해소되었는데 현대인의 스트레스는 장기간에 걸쳐 지속된다는 데 문제가 있다.

따라서 현대인은 과도하게 예민한 편도체를 달래 줄 필요가 있고, 그것은 명상을 통해 가능하다. 명상을 하면 전전두엽과 편도체의 연결성이 강화되고, 가장 인간다운 뇌와 원시적인 뇌의 영역이 연결되어 결과적으로 행복감이 증가한다. 『내면소통』의 저자 김주환 교수는 "전전두엽과 편도체는 시소의 관계와 같다"고 말한다. 편도체가 진정되면 전전두엽이 깨어나게 된다.

● 뇌 노화 속도의 감소

많은 사람들이 나이가 들어감에 따라 기억력과 판단력이 감퇴하고 치매에 걸리지 않을까 두려워한다. 그런데 희소식이 있다. 명상이 뇌 노화의 속도를 현저히 감소시킬 수 있다는 연구 결과들이 발표되고 있다.

미국 매사추세츠 종합 병원의 사라 레이저(Sarah Lazar) 박사

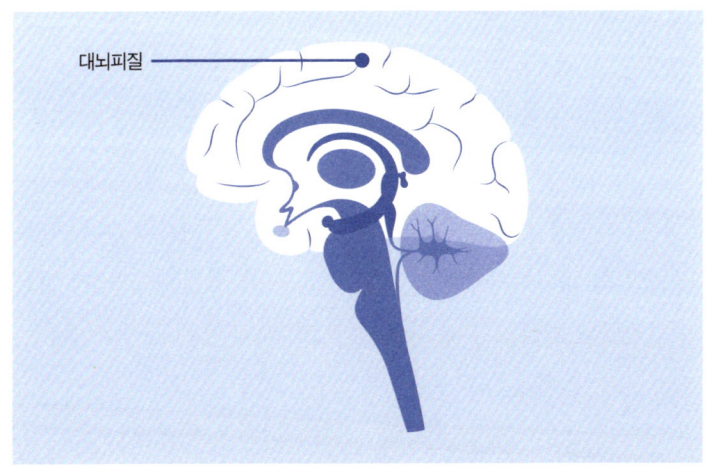

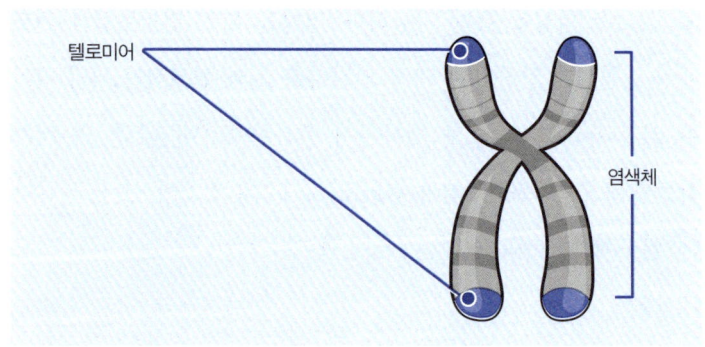

는 의사 결정, 주의 집중, 기억을 담당하는 뇌의 대뇌피질(cerebral cortex) 부분은 나이가 들어감에 따라 점점 얇아지는데, 정기적으로 명상을 하는 사람들의 뇌는 다른 사람들보다 그 부분이 두껍게 남아 있음을 발견하였다.

캘리포니아대학교(UCLA) 연구팀은 50세의 장기 명상인들은 같은 나이의 비명상인들에 비해 뇌가 평균적으로 7.5세 정도 젊다고 발표했다.

2009년 노벨상 수상자인 엘리자베스 블랙번(Elizabeth H. Blackburn)은 텔로미어(telomere)의 길이가 노화와 깊이 연관되어 있음을 밝혀냈다. 텔로미어는 염색체 끝에 있는 DNA 구조로 세포 분열 시 짧아지기에 노화의 한 지표로 볼 수 있다. 그런데 명상이 텔로미어 길이를 길게 유지하여 건강하고 오래 살 수 있게 도움을 준다는 것이다.

● '나' 중심적 사고의 약화

모든 수행의 공통점은 지나친 에고(ego)의 비대를 경계한다. '나' 중심적 사고에서 벗어나 더 큰 존재로서 자신을 인식하는 것이다. 이를 통해 지나친 욕망이나 그것에서 비롯된 좌절, 고통에서 벗어날 수 있다. 뇌에서 '나' 중심적 사고를 만들어 내는 영역은 후측대상피질(posterior cingulate gyrus)이다. 명상을 하면 전전두엽과 후측대상피질의 연결성이 강화되고, 결과적으로 '나' 중심적 사고가 약화된다.

'나' 중심 사고에서 벗어나면 다른 존재에 대한 연민의 마음이 더욱 커지게 된다. 연민의 마음은 명상의 효과 중에서 가장 현저하게 나타나는 현상이다. 연민의 마음을 주로 키우는 명상을 하면

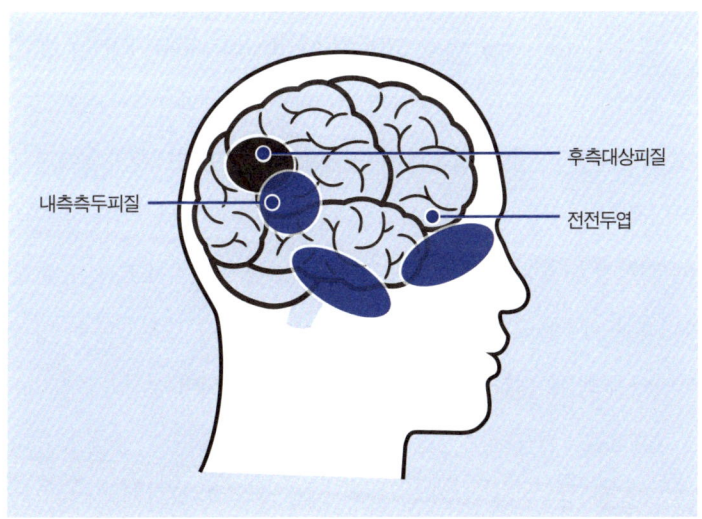

그 효과가 즉각적으로 나타난다는 것이 밝혀졌다. 그 외에도 예기 불안 감소, 통증 완화, 우울증 개선, 스트레스의 감소 등의 효과가 알려져 있다.

명상 중 특히 마음챙김 명상은 우울증과 불안을 치료하는 데 약물과 동일한 효과를 내면서도 부작용은 약물에 비해 거의 없다는 것이 연구로 밝혀졌다.

인간이 느끼는 감정에는 분노, 우울감, 불안, 억압과 같은 부정적인 감정과 평온함, 낙관주의, 자신감, 우정, 즐거움, 자애와 같은 긍정적인 감정이 있다. 부정적인 감정을 많이 느낄수록 인간의 면역 체계는 약화되고, 긍정적인 감정을 더 많이 느낄수록 면역 체계가 강화된다.

매사추세츠대학교의 존 카밧진(Jon Kabat-Zinn) 교수는 메디컬 센터에서 진행하는 8주간의 스트레스 완화와 이완 프로그램에 마음챙김 명상을 접목하여, 4천여 명에 이르는 환자들에게서 스트레스가 뚜렷하게 감소하는 임상 경험을 얻었다. 이를 토대로 존 카밧진 교수가 개발한 '마음챙김에 기반을 둔 스트레스 완화(Mindfulness Based Stress Reduction, 이하 MBSR) 프로그램'은 미국 전역의 수백 개 대학병원과 개인 클리닉에 보급되어 실시되고 있다.

MBSR은 한국에도 도입되어 활발하게 적용되고 있다. MBSR을 지도할 수 있는 자격을 갖춘 지도자들이 활발하게 활동하고 있으며, 그 외에도 한국명상학회에서는 한국 실정에 맞는 'K-MBSR'을 개발하여 보급하고 있다.

최근에는 단순한 마음챙김에서 벗어나 자애심을 키우는 자애 명상이 결합된 방식으로 진화하고 있다. 한국에서는 카이스트 명상과학연구소의 '하트스마일 명상'이 대표적이다. 이 명상은 한국의 전통적인 선(禪) 명상의 방식과 자애 명상을 결합하여 만든 것이 특징이다. 더욱이 과학적 접근 방식을 채택하여 명상의 효과를 검증하고 있기에 앞으로 매우 기대되는 명상의 흐름이라 할 수 있다.

chapter 2

평온한 리더를 위한 명상

명상은
경험에 명징함을 더하는 것

명상이란

　명상을 한마디로 설명하라고 하면, 나는 '따듯한 주의를 기울이는 것'이라고 말하곤 한다. 나 자신과 다른 존재들에게 따듯한 주의를 기울이다 보면 자신을 잘 이해할 수 있고, 다른 존재에 대한 앎의 깊이와 넓이도 달라진다.

　따듯한 주의가 무엇인지는 반대되는 상황과 비교를 통해 알 수 있다. 먼저 주의를 기울이지 않는 것이다. 내가 어떤 생각들을 하는지, 무슨 감정과 느낌이 일어나는지, 다른 사람들의 마음은 어떤지에 주의를 갖지 않고 무관심해지는 것이다.

　다른 하나는 차가운 주의이다. 집중력과 주의력은 강하나, 그 밑에 차가운 마음이 있는 것이다. 자기 자신에 대해 늘 차가운 시선으로 '넌 왜 그 모양이야, 또 실수를 했네'라고 자책하는 것. 혹은 그런 시선으로 다른 존재를 바라보는 것이다.

명상은 무관심하거나 차가운 주의를 기울이는 대신 따뜻한 시선으로 바라보는 것이다. 마치 나뭇잎을 통과한 온화한 봄 햇살처럼, 혹은 손주를 바라보는 할머니의 정감 어린 시선처럼.

명상은 전통적으로 어머니의 마음으로 많이 비유되어 왔으나 현대인에게 이렇게 설명하면 잘 와닿지 않는 경우가 많다. 어머니로부터 질책과 엄한 교육을 받은 사람들도 많기 때문이다. 그래서 현대인에게는 할머니의 마음으로 설명하는 것이 더 와닿는다. 명상은 따뜻한 애정을 주는 할머니의 마음으로 나 자신과 다른 존재를 바라보는 것이다.

의식에 여러 가지 속성이 있지만, 그 가운데 가장 두드러진 특징은 '비춤'이다. 마치 손전등을 어두운 곳에 비추면 안 보이던 공간이 환해지는 것처럼 의식이 향하는 곳은 어둠이 사라지고 환하게 드러난다. 동시에 의식이 비추는 곳은 따뜻해진다. 그래서 나는 의식이란 마치 햇살과 같다고 생각한다. 어둡고 축축한 곳에 아침 햇살이 비치면 그 눅눅함이 사라지고 따뜻하고 밝은 곳으로 변하게 되는 것과 같다.

'내가 이런 생각을 하고 있구나, 내게 이런 경향성들이 있구나'

라고 알아차리는 것은 그래서 매우 소중하다. 알아차린다는 것은 그곳에 따듯한 햇살을 비추는 것이기 때문이다. 알아차림이 없는 생각은 무한 증식하는 암세포처럼 자기 확장을 한다. 그래서 현실에서 비롯된 생각일지라도 언젠가부터는 망상으로 향하게 된다. 그때 의식이 따듯한 햇살을 비추어 주면, 그 생각은 자기 증식을 멈추고 힘을 잃게 되며 결국엔 사라지게 된다. 경향성 또한 마찬가지다.

너무 추상적으로 느껴질 듯하여 개인적인 이야기를 보태겠다.
나는 어려서부터 뚱뚱한 편이었다. 그래서 아이들에게 돼지라고 불려 여러 번 싸우기도 했다.
20대 중반부터 명상을 하면서 알아차리게 된 것은, 스트레스를 받으면 폭식을 하고 단것을 많이 먹게 된다는 것이었다.
그리고 스트레스를 받게 만드는 생각은 주로 '나에 관한 생각'이었다. '다른 사람들이 나를 어떻게 볼까? 실수를 했으니 우습게 보였을 거야. 왜 그 사람들은 나를 무시하는 말을 했을까?' 등. 이러한 것들을 알아차리고, 의식이 그 생각과 경향성을 알아차리자 서서히 그러한 생각들은 힘을 잃어 갔다. 그리고 점차 스트레스를 받으면 폭식하게 되는 경향들도 사라지게 되었다. '나는 원래 비만아였다'라고 말하면 지금은 사람들이 놀라곤 한다. 거울을 보며 갈비뼈의 형태를 눈으로 처음 본 날을 나는 지금도 또렷이 기억한다.

의식은 따듯한 햇살과 같다. 햇살이 비추는 곳에는 어둡던 생각과 경향들이 마치 묵은 얼음이 봄볕에 사라지듯 점차 옅어지고, 자취를 감추게 된다. 지금 너무 많은 생각에, 부정적인 생각과 걱정과 불안에 힘들다면 마음을 고요히 하고 알아차려 보자. 따듯한 주의를 몸과 마음에 보내 보자. 그러면 차갑고 눅눅했던 마음에 살그머니 봄볕이 비출 것이다.

의식의 이러한 속성을 확인할 수 있는 손쉬운 방법은 '보디 스캔(body scan)'을 해 보는 것이다. 보디 스캔이란 눈을 감고 신체의 머리부터 발끝까지 천천히 스캔하듯이 주의를 보내는 것이다. 먼저 이마 그리고 눈, 코, 목, 어깨…. 이렇게 천천히 주의를 그 부위에 보내면 따스한 느낌이 들면서 긴장이 풀림을 느끼게 된다. 이 책의 부록에 '보디 스캔'을 하는 방법을 자세히 설명해 놓았다. 유튜브에 '보디 스캔'을 검색해도 많은 가이드 명상을 찾을 수 있다.

마음챙김

따듯한 주의를 대상에 보내다 보면 자연히 마음이 그 대상에 머물게 되고 자세히 보게 되고, 그리고 알게 되는 것이 있다. 그것을 마음챙김(mindfulness) 또는 알아차림이라고 한다.

자신의 내면에서 일어나는 감각, 생각과 감정을 있는 그대로 보고 알아차리는 것이다. 마음챙김은 팔리어의 사티(sati, 念)를 번역한 말이다. 알아차림과 마음챙김은 거의 혼용하여 쓰고 있다. 마음챙김이 말 그대로 마음을 챙겨서 집중하는 어떤 '행위'에 초점이 맞춰져 있다면, 알아차림은 그 행위로써 얻게 된 자각과 같은 '결과'에 초점이 맞춰진 것이다.

마음챙김이 확립되면, 있는 그대로를 보고 수용하지 못해서 비롯되었던 문제와 고통들이 점차 사라진다. 예전에는 보지 못했던 미세한 감각, 생각, 감정, 의도들을 알아차리게 된다. 또, 나의 마음이 어떻게 일어나고, 바뀌고, 그리고 사라지는지 바라볼 수 있다.

예전에는 단지 컴퓨터의 화면만을 보고 있는 상태였다면, 이제는 화면을 구성하는 소스 코드(source code)가 무엇인지를 보고 이해할 수 있다고나 할까? 소스 코드를 이해하게 되면 모니터에 나타내고 싶은 화면을 내가 결정할 수 있게 된다.

마음챙김이 생기면 마음은 더욱 강해지면서 동시에 섬세해진다. 예전에는 단순히 불편하다고 느꼈던 감정이 분노, 짜증, 불안, 두려움, 슬픔, 우울 등 다양한 스펙트럼으로 보이게 된다. 또 거기에 대한 원인과 대책을 보다 지혜롭게 세울 수 있다.

이 과정을 통해 우리의 잘못된 인지를 수정할 수 있고, 잘못된 견해로부터 파생된 불필요한 감정들도 사라진다. 특히 나의 문제에서 비롯된 부정적 에너지를 조직의 다른 구성원들에게 투사하는 일이 없어진다. 이렇듯 자신을 잘 이해하고 현실을 있는 그대로 바라볼 수 있게 되면 다른 사람을 이해하는 폭과 깊이도 달라진다.

마음챙김의 힘

우리의 삶을 가만히 들여다보면, 뭔가를 하고 싶어 하는 마음에 그것에 이끌려 가거나, 뭔가를 하기 싫은 마음에 그것을 피하려고 하는 자동적인 반응으로 채워져 있음을 알 수 있다. 맛있는 음식을 먹고 싶어서 점심시간에 발길이 그곳으로 향하게 되고, 악취를 피하기 위해 쓰레기 더미로부터 멀리 돌아서 간다. 이러한 두 가지 마음에 대한 반응이 있기에 우리는 효율적으로 생존할 수 있다.

그러나 다른 한편에서는 이런 두 가지 마음 때문에 고통을 받기도 한다. 매력적인 대상에 다가가거나 싫어하는 대상을 피해 가는 반사적인 반응이 어려울 경우에는 그런 마음을 억압하기도 한다. 싫어하는 사람이 있지만 피할 수 없는 상황에서 그 마음을 무의식적으로 눌러 담아 두는 경우가 바로 그것이다.

반사적이거나 억압하는 반응에는 부작용이 있다. 음식을 예로 들자면, 좋아하는 음식만을 먹고 싫어하는 음식은 피하다 보면 비만이 되거나 편식을 하게 된다. 그러나 이런 마음을 억압하기만 한다면 언젠가 눌려 있던 마음이 폭발해 한꺼번에 폭식할 수도 있다.

이렇듯 반사적인 반응을 보이거나 억압하는 방법 외에 다른 방법은 없을 것인가? 그런 마음을 부작용 없이 다룰 수 있는 방법이 있다면 우리 삶에 어떤 변화가 있을까?

반사적이지 않으면서 억압적이지 않은 방법이 바로 '마음챙김'이다. 마음챙김은 우리에게 일어나는 감각, 느낌, 마음을 일어나는 순간 알아차리고, 그것이 변화하며 결국 사라지는 모습 역시 알아차리는 것이다. 뭔가를 하고 싶어 하는 마음이 일어나는 순간, 또는 하기 싫어하는 마음이 일어나는 순간을 마음챙김하여 알아차린다면, 그 야생마 같던 마음은 온화해져 자신이 다룰 수 있는 상태가 된다.

마음챙김을 통해 알아차리게 되면, 점차 우리 마음의 움직임뿐만 아니라 다른 사람의 마음도 헤아릴 수 있게 된다. 자신의 마음을 이해하고 다른 사람의 마음을 헤아려 마음으로 움직일 수 있는 사람이 되는 것이다. 더불어 마음챙김은 처음에는 좀 더 구체적인 에너지인 외부 세계, 몸 등에 대해 알아차릴 수 있다가 점차 비물질적인 에너지인 생각, 의도, 감정도 알아차릴 수 있게 되고, 더욱 강해지면 삶을 지배하는 법칙들과 깊은 지혜도 알아차릴 수 있다. 이를 통해 인간의 내면에 있는 에너지와 지혜에 접근하고 활용할 수 있는 힘이 생기는 것이다.

알아차림을 돕는 질문

질문은 어떤 이슈, 현상에 대해 그것을 있는 그대로 섬세하게 바라볼 수 있도록 돕는다. 즉, 어떤 대상에 대한 알아차림의 깊이가 깊어지도록 도와주는 것이다. 질문을 받은 사람은 자신의 상황, 생각, 느낌, 혹은 그 너머 본질에 대해 보다 섬세하게 바라볼 수 있게 된다.

그 질문이 상대를 향한 것이든 자신 내면을 향한 것이든 마찬가지다. 그래서 좋은 질문은 그 자체로 하나의 명상 도구가 된다. 한국의 대표적인 전통 수행인 간화선(看話禪)에서 화두가 "이 뭐꼬?"와 같은 질문의 형태로 되어 있는 것도 비슷한 맥락에서 이해할 수 있다.

우리는 일상생활 속에서 가끔 매우 거친 의식 상태에 빠지곤 한다. 그래서 섬세한 부분들을 놓칠 수 있다. 그때 질문을 받으면 일상의 거칠고 분산된 마음이 집중되면서 다시금 지금 일어나고 있는 것에 대해 섬세하게 살피게 된다.

앞서 말한 티머시 골웨이는 아무리 "공을 똑바로 보라"고 말해도 듣지 않는 선수들에게 "공이 네트를 넘어올 때 어떤 방향으로 공이 회전하고 있었는가?"라는 질문을 던졌다. 그랬더니 드디어 선수들에게 놀라운 변화가 일어났다. 선수들이 "공을 보라"고 명령받을 때보다 훨씬 더 정확하게 공을 바라보기 시작한 것이다.

명상에서 '마음챙김'이 있는 그대로를 섬세하게 바라볼 수 있도록 해 주는 것처럼 '질문' 역시 있는 그대로를 섬세하게 볼 수 있도록 도와준다. 비유를 하자면, 상대방에게 돋보기를 들게 하여 현재 자신이 있는 주변을 보다 구체적이면서 깊은 곳까지 낱낱이 볼 수 있게 함으로써 그동안 놓치고 있던 점을 볼 수 있도록 돕는 것이다.

그런 면에서 질문을 통한 리더십은 매우 혁신적인 것이다. 명상을 통해 자기 스스로에게 주던 혜택을, 질문을 통해 상대방에게서 일어날 수 있도록 하기 때문이다. 그리고 질문을 던진 리더는 상대방의 구체적인 설명을 통해 상대방의 관점과 상황을 이해할 수 있다. 상대의 관점에서 일어나고 있는 일들을 섬세하게 바라볼 수 있기 때문이다.

보다 또렷하게 상황을 볼 수 있도록 도와주는 질문은 이런 것들이다.

- ✦ ~에 대해 어떻게 생각합니까?
- ✦ ~에 대한 느낌은 어떠세요?
- ✦ ~을 더 설명해 주시겠습니까?
- ✦ 현재 상황을 어떻게 보시나요? 그 이유는 무엇입니까?

✦ 그것은 어떤 의미가 있습니까?

질문은 호기심과 '알고 싶다'는 태도가 바탕이 되어야 한다. 그렇지 않으면 자칫 심문하는 것처럼 들릴 수 있기 때문이다.

'지금 여기'에 깨어나기

겨울 산속에서 새벽을 맞으며 문을 나설 때 공기의 알싸한 향이 코끝에 느껴지는 순간, 갓난아이를 안을 때 따뜻하고 여린 포근한 느낌이 가슴 전체로 느껴지는 순간, 향기롭고 따뜻한 녹차가 목젖을 타고 넘어가는 순간, 산속을 거닐다 이름 모를 산새의 지저귀는 소리에 귀를 기울일 때….

이 순간들의 공통점은 무엇일까? 모두 우리가 '지금'을 경험하는 때라는 것이다. 그 순간은 과거를 후회하지도 않았고, 미래를 걱정하지도 않았다. 오직 지금 이 순간만을 순수하게 경험하고 있다.

지금 이 순간을 경험하는 것은 우리가 감각 기관을 통해 외부 세계 혹은 나의 몸을 100퍼센트 알아차리고 경험하는 순간이다. 그것을 경험하고 나면 마음과 정신이 맑아진다. 생각에서 감각으로! 그것이 지금 이 순간에 깨어 있는 비법이다. 생각은 과거나 미래로 치닫지만, 감각은 오직 지금 이 순간 '찰나'에 있기 때문이다.

마음챙김의 힘을 따라 내면으로 향하는 여정에서 먼저 만나는 것은 외부 세계와 자신의 몸이다. 물질과 육체는 에너지 가운데 가장 단단하고 거칠어서 쉽게 우리가 알아차릴 수 있다. 이것을 통해 알아차림의 힘을 강화하면 그다음으로 느낌, 감정, 생각, 의도 등 더 섬세한 에너지에 대해 알아차릴 수 있는 기반이 튼튼하게 마련된다. 일상생활에서도 외부 세계와 몸의 감각에 대해 알아차림을 함으로써 '지금 여기'를 경험하는 방법이 있다.

- ✦ 주변의 풍경, 사물들에 관심을 가지고 유심히 바라보기.
- ✦ 들리는 소리에 귀를 기울여 보기.
- ✦ 식사할 때 혀끝에 닿는 음식의 느낌, 씹히는 느낌을 느껴 보기.
- ✦ 피부에 닿는 바람을 느껴 보기.
- ✦ 코끝에 닿는 향기를 맡아보기.
- ✦ 앞에 있는 사람을 바라보고, 내가 그전에 몰랐던 것을 알아차리기.
- ✦ 기지개를 켜며 몸의 이완을 느껴 보기.
- ✦ 천천히 걸으면서 바닥에 닿는 발바닥의 느낌을 느껴 보기.
- ✦ 가슴과 배에서 느껴지는 호흡 바라보기.

이런 방법들을 통해 외부 세계와 자신의 몸을 알아차리면 짧은 시간에 마음이 맑아진다. 명상의 가장 큰 목적은 '지금-여기(here&now)'를 충분히 경험하는 것이다. 명상에 대해 우리가 흔히 오해하는 것은 명상이 어떤 마음 상태를 인위적으로 만들어 간다는 생각이다. 명상은 지금 이 순간에 우리가 경험하는 것들에 대해 보다 명징함을 더하는 것이다. 지금 이 순간을 풍부하게 느끼고 경험하게 되면 삶 자체가 풍성해진다. 그리고 우리가 놓치고 지냈던 많은 것들을 재발견할 수 있다.

수용

명상은 전체가 '수용(acceptance)'의 연습이라고 해도 과언이 아니다. 일어나고 있는 모든 것들에 대해 판단하기보다는 '~하는 구나'라고 알아차리는 것이다.

명상에서 중요한 것은 알아차림에 대한 지속적인 노력이다. 생각은 어떤 순간 다른 곳으로 방황하게 될지도 모른다. 하지만 상관없다. 그것을 알아차리고 즉시 돌아오기만 하면 된다. 그래서 명상을 '부드럽게 돌아오는 예술(art of gently returning)'이라 말하기도 한다. 명상은 얼마나 다른 생각을 안 하느냐가 아니라 다른 생각으로부터 얼마만큼 끈질기게 다시 돌아오느냐에 달려 있다.

명상에서 수용의 대상은 주로 생각, 느낌과 감정이다. 사람은 누구나 좋은 느낌, 감정은 기꺼이 받아들이려 한다. 그러나 나쁜 느낌, 감정은 회피하거나 억압하려 하고 거기에 대해 자동적인 반응을 하려고 한다. 명상을 통해 수용의 힘을 기르는 것은 우리가 느끼게 되는 '감각적 경험'과 우리가 그것에 대해 하는 '반응'을 구분하기 위해서다. 반사적으로 일어나는 반응을 하지 않은 채, 그 경험을 온전히 바라보고 수용한다. 이 과정을 통해 감각적 경험과 그 반응을 구별할 수 있게 된다.

심리학자이자 명상가인 마크 엡스타인(Mark Epstein M. D)은 그의 명저 『붓다의 심리학(Thoughts without a Thinker)』에서 "고통에 대한 반응인 공포, 분노, 두려움, 긴장 등이 순수한 감각으로 분리되면, 그 감각은 어느 시점에 이르러 더 이상 괴로움을 주지 않게 된다"고 말하고 있다.

나는 얼마 전 이것을 위내시경 검사를 받으며 체험할 수 있었다. 위내시경 검사를 받기 전, 간호사는 내게 수면 내시경이나 일반 내시경 중 어떤 것으로 하고 싶은지 물어보았다. 차이가 무엇인지 물으니 수면 내시경은 수면 상태에서 하기 때문에 고통이 거의 없지만 일반 내시경은 고통도 심하고, 구역질이 많이 나온다고 했다.

나는 잠시 망설였다. 머릿속에서 돼지 멱따는 소리를 내며 검사대 위에서 고통스러워 하고 있을 내 모습이 잠시 스쳐 지나갔다. 그러나 나는 결국 일반 내시경으로 하기로 했다. 그 순간이 내가 수행해 온 알아차림, 그 가운데서도 느낌과 감정을 있는 그대로 알아차릴 수 있는 좋은 기회라고 생각했기 때문이다.

나는 내시경이 식도로, 그리고 위로 들어가는 느낌을 저항하지 않은 채 있는 그대로 느껴 보았다. 위내시경이 입안으로 들어가자 식도에서 차갑고 딱딱한 무엇이 느껴졌고, 그 느낌은 이어서 배 저 안쪽에서 무언가가 위로 솟아 올라오도록 유발했다. 그 엄청난 솟아오름은 식도를 막았고, 그 압력으로 인해 연쇄적으로 얼굴과 안구에서 압력이 느껴졌다. 식도 주변 그리고 몸 전체의 근육이 딱딱하게 굳어졌다가 서서히 풀어졌다.

나는 '구역질의 느낌이 이런 것이구나' 하고 처음으로 정확하게 몸 전체로 느낄 수 있었다. '이것이 언제 끝날까?', '너무 괴롭다'는 생각이 드는 것을 알아차리고 다시 몸의 느낌으로 돌아왔다. 평소 같으면 '언제 끝날까?', '너무 괴롭다'라는 생각에 사로 잡혀서 몸에서 일어나는 정확한 느낌을 알아채지 못했을 것이다.

순수하게 느낌만을 바라보자, 그 느낌은 더 이상 그렇게 고통스럽지 않았다. 단순히 나의 몸에서 일어나는 느낌에 불과했고, 그것은 변화했으며 곧 사라졌다. 그리고 무엇보다도 그 시간은 내게 고통의 시간으로 기억되지 않았다.

우리가 저항하지 않으면 느낌은 그저 하나의 느낌(아픔)으로 끝나지만, 그 느낌에 저항하려고 하기 때문에 고통을 겪게 된다. 우리가 겪는 대부분의 고통은 실제 일어난 사실적 고통이 아니라 그에 대한 생각에서 오는 상상적 고통인 것이다.

마음을 이루는 재료 들여다보기

내면으로 여행을 하다 보면 '마음'이라는 만만치 않은 존재의 벽에 부닥치게 된다. 이것은 마치 보물섬에 도달하기 직전, 물길이 드세고 암초가 많은 해협을 만나는 것과 같다. 이곳을 통과하면 자신이 진정으로 원하는 곳에 도달할 수 있다. 목적지를 바로 눈앞에 두고 있는 것이다. 이 험난한 곳은 마음에 대한 알아차림을 통해 통과할 수 있다. 자신의 마음이 어떻게 일어나고, 어떻게 변화해 가며 자신에게 영향을 미치는지에 대해 정확히 알아차림으로써 목적지에 도달할 수 있다.

마음을 이루는 재료들로는 감각과 느낌, 생각, 감정, 그리고 의도가 있다.

아무리 복잡한 컴퓨터의 그래픽이나 프로그램이라도 실은 '0'과 '1'의 조합으로 이루어져 있듯이, 복잡해 보이는 우리의 마음도 실은 '좋아함-싫어함'의 조합으로 이루어져 있다. 좋음과 싫음의 반복으로 이루어진 거대한 음악이 우리의 삶이라 할 수 있다. 이러한 '끌어당김-밀어냄'의 조합은 감각을 대상으로 한다.

감각과 느낌

- ✦ 감각(sensation) : 생각이 붙어 있지 않은 날것 그대로의 정보. 일반적으로 시각·후각·청각·미각·촉각의 다섯 가지 감각 정보로 이루어짐. 최근에는 여기에 균형 감각 등을 추가하기도 하나, 마음 관찰의 재료로는 이 다섯이 주이므로 여기에 초점을 맞추기로 함.
- ✦ 느낌(feeling) : 대상에 대한 좋음/싫음의 판단. 좋아하는 것은 끌어당기고, 싫어하는 것은 밀어내는 마음이 작용함. 감각들이 좋은 느낌을 일으키면 끌어당기며 계속 유지하고 싶어하고, 싫은 느낌을 일으키면 밀어내며 중지하고 싶어짐.

감각에 좋은 느낌과 싫은 느낌을 부여하는 것은 진화의 산물이다. 싫은 느낌에 대해 우리는 그 대상을 멀리하고 싶어 하는 '밀어내는 마음(瞋心, 진심)'을 일으킨다. 반면 좋은 느낌에 대해서는 그 대상을 가까이하고 싶어 하는 '끌어당기는 마음(貪心, 탐심)'을 일으킨다. 이러한 느낌들은 반복될수록 더욱 깊어지고 확장된다. 한번 물길이 나면 그 골이 더 깊고 넓어지는 것과 같다. 더 나아가 이러한 '밀어내고 끌어당기는 마음'은 우리의 생각을 왜곡한다. 뒤틀린 생각은 반대로 이러한 밀어내고 끌어당기는 마음을 더 크게 만든다.

예를 들어 멋진 차를 본다면 그것을 갖고 싶은 마음, 끌어당기고 싶은 탐심이 생긴다. 그런 다음 '저 차를 타면 사람들이 나를 얼마나 멋지게 볼까?'라는 생각을 불러일으키고, 더 나아가 '저 차만 있으면 나는 인기 있는 사람이 될 것'이라는 착각마저 불러일으킨다. 그리고 이러한 왜곡된 생각은 그 차를 더욱 갖고 싶게 만들어 버린다.

지금 이 시대의 광고와 마케팅은 이러한 우리의 마음 구조를 철저하게 활용하고 있다. 우리의 삶은 어찌 보면 '밀어내고 끌어당기는 마음'에 대한 자동적인 반응에 불과한 것인지도 모른다. 갖고 싶은 것, 이루고 싶은 것, 경험하고 싶은 것을 추구하며, 동시에 불안, 두려움, 불결함에 대한 거부감, 추위와 배고픔을 피하기 위해 대비하는 데 삶의 대부분을 쓰고 있다.

푸른 그리스의 바다를 바라보며 누워 있는 『그리스인 조르바(Zorba the Greek)』의 작가, 니코스 카잔차키스(Nikos Kazantzakis)의 묘비에는 이런 글귀가 쓰여 있다.

나는 아무것도 두려워하지 않는다.
나는 아무것도 바라지 않는다.
나는 영원한 자유인.

니코스 카잔차키스는 그의 소설에서 말하려 했던 것처럼 영원한 자유인이고자 했다. 그리고 그 자유는 무엇을 바라는 마음과 싫어하는 마음으로부터의 자유임을 그는 깨닫고 있었던 것 같다. 우리가 그 경지까지 갈 수는 없겠지만, 탐심과 진심에 이끌려 다니지 않고 그것을 알아차리는 것만으로도 훨씬 자유로워질 수 있다.

우리는 흔히 명상 수행의 가르침을 잘못 해석하여 모든 인간적 경험에 둔감해져야 한다는 의미로 받아들이는 경우가 있다. 감정이 강한 것 자체는 문제가 안 된다. 문제는 욕심과 집착이다. 열정적인 감정과 자신을 완전히 동일시하여 자기를 잃어버릴 정도로 그것에 사로잡힐 때, 그 감정은 우리의 마음을 지배하고 생각을 사로잡아 투명한 시야를 흐리게 만든다. 집착과 갈망은 우리에게 입력되는 감각 정보와 그에 대한 좋은 느낌과 싫은 느낌에서 출발한다. 그리고 그것이 알아차려지지 않은 채 진행될 때 집착과 갈망으로 연결된다.

생각

인간이 동물과 다른 점은, 인간은 높은 차원의 생각을 할 수 있다는 것이다. 그리고 생각은 우리의 감정과 신체적 반응에 영향을 미친다. 예를 들어 시험을 앞둔 사람이 '나는 시험에 떨어질 거야'라는 생각이 들면 우울한 감정이 들고, 심장 박동의 빨라짐, 복부에 중압감 등 신체적 반응이 온다. 그리고 이러한 긴장감, 우울함을 해소하기 위한 다른 행동을 취하게 된다.

불교 명상에서는 인간이 겪는 고통의 원인이 있는 그대로를 바라보지 못하는 '알지 못함-무명(無明)'에서 비롯된다고 보고 있다. 인간의 심리적 고통과 문제가 왜곡된 인지에서 비롯된다고 보는 서구의 인지 심리학과 일맥상통한다는 점에서 무척 흥미롭다. 따라서 생각이 일어나는 것을 알아차리고, 생각이 감정이나 의도에 의해서 왜곡되기 전에 그것을 알아차린다면 우리는 불행과 심리적 고통으로부터 자유로워질 수 있다.

우리가 있는 그대로를 바라볼 때 극복해야 할 또 하나의 과제는 바로 '상(想)'이다. 상은 ~라는 생각, 고정 관념, 표상, 개념 작용을 말하는데, 흔히 선입견이라고 하는 것이다. 우리는 이러한 상을 갖고 있어 지금 일어나고 있는 순간과 실재를 놓치게 된다.

불교 심리에서 인간은 다섯 가지 덩어리, 즉 오온(五蘊)으로 이루어져 있다고 한다. '상'은 그 가운데 하나이다. 참고로 나머지는 색(色, 물질), 수(受, 느낌), 행(行, 의지-경향성), 식(識, 의식)이다. 『반야심경』에서 가장 유명한 구절인 '오온이 공함을 알라-조견오온개공(照見五蘊皆空)'에서 오온이 바로 이것이다. 이 다섯 덩어리의 특징은 자기 확장성을 갖는다는 것이다. 특히 우리가 깨어 있지 않고

…▶ 나를 이루고 있는 다섯 가지 덩어리들, 이 덩어리에 집착해 그것을 나라고 생각하고 동일시하는 데서 여러 고통이 발생한다. 공(호)하다는 것은 실은 그것이 영원하지도 고정되지도 않은 것이므로 자신과 동일시할 필요도, 너무 집착할 필요도 없다는 뜻이다.

알아차리지 못할 때 그러하다. 그러므로 항상 깨어서 이 다섯 덩어리들이 어떻게 자기 확장성을 가지고 움직이고 있는지 주시하여야 한다.

우리는 항상 개념 작용을 통해 분별하고, 이름을 붙인다. 성별을 구분하고, 버스와 승용차를 구분하는 것은 이러한 개념 작용 덕분이다. 명상에서는 '상'에 대해 세심한 주의를 촉구한다. 어떤 것이 원인과 조건에 의해 그렇게 되었을 뿐, 영원히 그러하지는 않을 것이라는 '연기(緣起)'와 '무상(無想)'의 진리를 망각하게 만들기 때문이다. '상'을 극복하지 못한다면 결과적으로 지금 있는 그대로의 모습을 놓치게 된다.

우리는 조직 생활을 하면서도 사람들에게 '상'을 갖는다. '화를 잘 내는 사람', '게으른 사람', '덤벙대는 사람', '일이 느린 사람' 등. 그리고 그런 상을 갖게 된 다음에는 그 사람의 실제 모습이 어떠한지는 놓치고 만다. '일이 느린 사람'이 어떤 원인과 조건 때문에 지금의 모습이 되었는지에 대해서는 생각하지 않으며, 또 그러한 원인과 조건이 바뀌면 그 사람이 바뀔 수도 있다는 가능성에 대해서도 생각하지 않는다. 즉 그 사람을 그렇게 만든 원인과 조건, 변화의 조건, 그리고 변화의 가능성에 대해서는 못 보게 되는 것이다. 그래서 명상에서는 이러한 상의 작용이 일어날 때 그것을 알아차리고 놓아 버리는 작업을 계속하게 함으로써 상에 빠지는 것에 대한 저항력을 기르도록 한다. 그럼으로써 지금 이 순간에 존재하고 있는 실재를 바라볼 수 있도록 돕는다.

조직 생활에서는 수행에서처럼 모든 개념 작용, 판단을 일체 놓아 버리는 것이 불가능하다. 왜냐하면 신속한 의사 결정과 행동을 위해서 이러한 개념, 판단의 힘이 필요하기 때문이다. 예를 들어 신속하게 일을 처리해야 하는 긴급한 상황에서는 머릿속에서 '일을 빨리 처리할 수 있는 유능한 직원'을 검색해서 그 사람에게 일을 맡겨야 한다. 이러한 이유로 '상을 절대 갖지 마십시오'라고 말하기보다는 마치 날달걀을 손에 쥐듯 상을 느슨하게 가지라고 권유한다. 날달걀은 너무 꽉 쥐면 깨지고, 너무 느슨하게 잡으면 땅에 떨어져 깨져 버린다. 즉 판단을 하고 어떤 개념을 갖더라도 그것이 변할 수 있음을, 그리고 그 개념은 실재를 지극히 대략적으로 묘사한 것임에 불과하다는 것을 알아차리는 것이다. 직장에서 화를 많이 내는 사람도 집에 돌아가면 마냥 유순한 한 아이의 아버지가 될 수 있고, 일이 느린 사람도 자신이 좋아하는 일을 맡으면 누구보다 쏜살같이 처리할 수 있다는 가능성을 항상 열어두어야 한다.

그리고 다음의 사항들을 점검해 보면 좋다.

- ☑ 자신이 스스로 갖고 있는 상(내가 누구라는 생각)은 무엇인가?
    - ✦ 나는 우월한 사람이다.
    - ✦ 나는 열등한 사람이다.
    - ✦ 나는 피해자다.
    - ✦ 좋은 사람이다.

- ☑ 그것이 가져오는 미세한 쾌감과 고통은 무엇인가?

- ☑ 내 행동에 미치는 영향은 무엇인가?

- ☑ 가족(부모/배우자/자녀)에게 갖고 있는 상은 무엇인가?

☑ 그것이 내 행동에 미치는 영향은 무엇인가?

☑ 배우자나 자녀가 나에게 갖고 있는 상은 무엇인가?

☑ 그것이 그들의 행동에 미치는 영향은 무엇인가?

이러한 상들이 모여서 우리 마음속에서는 '이야기'를 만들어 낸다. 명상의 가장 큰 혜택 중 하나는 우리 자신이 끊임없이 이야기를 만들어 내고 있다는 것을 알게 된다는 것이다. 그리고 그 이야기는 진실과는 거리가 있을 수 있다.

어떤 사람은 그 이야기의 줄거리가 부정적이고 슬픔과 비탄으로 가득 차 있을 수 있고, 어떤 사람은 그 이야기가 긍정적이고 기쁨으로 충만할 수 있다.

같은 사건을 겪어도 그 사람의 이야기를 구성하는 경향성에 따라 우리 마음속에서 다른 해석들을 하게 된다. 명상을 하면 그 이야기들이 만들어지는 과정을 마치 영화를 바라보듯 거리를 두고 바라볼 수 있다.

현대인이 가장 고통을 겪는 부분은 생각이 너무 많다는 것이다. 그리고 그 생각의 흐름을 좀처럼 자신의 의지대로 끊을 수 없다는 것이다. 생각 과다에 고통을 겪는 현대인들은 그래서 감각

과잉을 통해 이를 해결하려 한다. 아주 자극적이거나 맵고 단 음식을 먹기도 하고, 극렬한 짜릿함을 주는 익스트림한 경험을 추구하거나, 자극적인 섹스나 약물에 빠지기도 한다. 그런 감각의 과잉 속에서 생각을 잠시 멈출 수 있기 때문이다.

하지만 명상은 약간 다른 방법으로 생각 과잉에서 빠져나온다. 명상의 대상을 보면 호흡의 느낌, 신체의 감각 등 아주 미세한 것들이다. 그런 미세한 것을 느끼고 집중하려 할 때, 마음의 근육이 작동하고 발달하게 된다. 그러한 미세한 감각을 되살림으로써 생각과 감각의 균형이 점점 잡히게 된다.

감정

감정 또는 정서(emotion)는 외부적 자극에 대한 반응으로 경험하게 되는 느낌이다. 감정은 긍정적인 감정과 부정적인 감정이 있는데, 긍정적인 감정에는 기쁨, 즐거움, 자기 긍지감, 사랑, 애정, 행복감 등이 있으며 부정적인 감정에는 분노, 짜증, 두려움, 불안, 우울감 등이 있다.

감정은 우리의 삶에 큰 영향을 미친다. 분노, 증오의 감정은 우리가 다른 사람을 해치게 하거나 즐거운 감정은 모든 것을 잊고 지금 이 순간에 존재하는 것만으로도 행복하게 한다. 그리고 과거에 경험한 강한 부정적인 감정은 한 사람의 일생에 큰 상처를 남길 수 있다. 이러한 감정의 노예가 되지 않고 감정으로부터 자유로워지기 위해서는 감정을 이해하고, 감정이 일어나고 변해 가는 과정을 알아차리는 것이 중요하다.

우리의 인생이 감정을 어떻게 다스리느냐에 달려 있을 정도로, 감정은 중요하면서도 다루기 힘들다. 감정은 보다 집중적이고 섬세한 관찰과 이해가 필요하다. 이러한 감정에 대해서는 다음 장에서 좀 더 자세히 살펴보도록 하자.

chapter 3

일터에서
만나는 감정

감정 관리도
업무 전략이다

분노와 화

리더들 중에는 화가 많아서 힘들다고 하는 분이 많다. 당연하다고 생각한다. 리더가 되기 위해서는 에너지가 다른 사람보다 더 많아야 할 텐데, 그 에너지가 제대로 순환되지 않으면 화라는 감정으로 폭발하기 쉽기 때문이다.

화, 즉 분노는 자기의 자존감이 손상을 입거나 자신의 영역이 침범받을 때 느끼는 감정이다. 화는 인간의 생존에 있어서 가장 중요한 감정 중 하나로, 자신을 방어하기 위해 나타나는 가장 원초적인 공격성이다. 그러나 이것이 도를 지나치게 되면 여러 가지 문제를 일으키며 육체적·정신적 건강에 해롭다.

분노는 그 에너지가 무척 강렬한 감정이어서 자칫하면 다른 사람의 마음에 깊은 상처를 남기기도 한다. 나는 리더가 화를 잘못 내어 팀원의 사기가 떨어지거나, 심지어 퇴사까지 하게 되는 경우를 코칭을 하면서 종종 보곤 한다. 예전에 만났던 어떤 사람은 "저는 뒤끝 없다는 사람이 싫어요. 본인은 뒤끝이 안 남았겠지만 다른 사람의 마음엔 깊은 상처를 남기잖아요"라며 자신에게 분노를 쏟아 내었던 예전의 상사를 회상했다.

분노를 잘 다스리는 것이 리더에게는 특히 중요하다. 분노를 다스리는 방법 중 하나로 마음챙김이 있다. 마음챙김하는 방법은 화가 났을 때 신체의 감각을 있는 그대로 알아차리는 것이다.

- ✦ 가슴이 답답해진다.
- ✦ 호흡이 짧아진다.
- ✦ 심장 박동이 빨라진다.
- ✦ 턱관절에 힘이 들어간다.
- ✦ 열감이 상체(가슴, 등, 머리)에서 느껴진다.

이렇게 신체에서 일어나는 이러한 현상과 감각을 그대로 느껴 보면 된다. 그리고 화와 함께 떠오르고 스쳐 가는 생각들을 알아차린다. 대체로 이런 생각들이 화를 더욱 부추긴다.

✦ 상대가 싫은 이유 또는 화가 나는 이유
- 상대가 나를 무시했어.
- 지금 화를 터뜨리지 않으면 머리가 터질 것 같아.
- 일단 화를 내면 어떻게든 문제가 해결되겠지?

이러한 현상들은 편도체가 흥분되었을 때 나타난다. 당연히 차분히 생각할 수 있는 전전두엽에는 에너지가 가지 않는다. 그래서 이때 내리는 판단이나 말은 실수로 이어질 가능성이 있다.

화가 났을 때는 들숨이 잘 안 쉬어지는데, 일부러라도 크게 들숨을 들이쉬어 본다. 이렇게 하면 마음챙김하는 동안 분노는 약간 통제 가능한 온순한 상태가 되어 앞뒤 안 가리고 화를 그대로 표출하여 겪게 되는 부작용을 줄일 수 있다. 물론 너무 화가 나 있을 경우는 이것마저 쉽지 않다. '화가 이렇게 무섭구나, 쉽게 길들지 않는 구나'라고 알게 되는 것만으로도 큰 수확이다. 그때는 자신 나름의 대책을 만드는 것도 한 가지 방법이다. 일단 1분만 참아보기, 잠시 밖으로 나가 바람을 쐬고 들어오기, 산책하기 등 급격한 화를 내리는 자신만의 노하우를 찾을 수 있다. 이때 '호흡이 제대로 안 될 때는 말을 하지 않기'라는 하나의 원칙을 세우길 추천한다.

숨이 제대로 쉬어지지 않으면 뇌에 충분한 산소가 공급되지 않는다. 이때는 제대로 된 생각을 할 수 없다. 숨이 어느 정도 정상으로 돌아온 후에 말이나 행동을 하는 것이 실수를 줄이는 방법이다. 우리가 자신의 호흡에 대해 잘 알아차려야 하는 이유다.

짜증

분노와 관련하여 중요한 것이 짜증이다. 짜증이 나는 단계에서 알아차리면 더 큰 분노로 번지는 것을 막을 수 있기 때문이다.

'화'가 자신의 영역을 침범한 대상에 대해서 느끼는 것이라면, '짜증'은 대체로 상황에 대해서 느끼는 감정이다.

짜증이 커지면 화를 촉발하기 쉬운 상태가 된다. 사무실 에어컨이 고장 나서 무더위 속에 있거나, 아침부터 정신없이 전화벨이 울리는 등의 상황에서 짜증이 커지면 누가 톡 건드리기만 해도 화가 나기 십상이다.

짜증 때문에 화를 내게 되면 열에 여덟아홉은 그 끝이 매우 좋지 않다. 상대방도 자신에게 화를 내는 이유를 납득하지 못할 뿐 아니라, 화를 낸 사람은 일단 화를 냈기 때문에 그것을 정당화하려 상대방의 나쁜 점을 찾게 되기 때문이다. 짜증이 날 때 '지금 내가 짜증이 나 있구나'라는 것을 알아차리고 마음챙김하면 불필요하게 화를 내서 문제를 일으키지 않게 된다. 화가 올라오더라도 '상대방의 잘못이 아니라 내가 짜증 나서 지금 화가 올라왔구나'라는 것을 알아차릴 수 있다.

● **화 바라보기 훈련**

화를 바라보는 훈련은 감각 알아차리기 훈련과 함께하면 매우 효과적이다. 숙달되면 화가 일어나기 전에 사전 징조를 미리 알아차릴 수 있다.

우리는 상대방 때문에 화가 일어난다고 생각하지만 실제로는 자신이 이미 화가 나기 쉬운 상태에 있는 경우가 많다. 감각 알아차리기 훈련을 하다 보면 우리 몸과 마음에 깨어 있게 되고, 지금 내가 화가 나기 쉬운 상태인지 아닌지를 판별할 수 있게 된다.

화는 몸과 마음이 긴장했을 때 잘 일어난다. 긴장은 치골과 골반 안쪽에서 생겨나서 점차 위로 올라와 복부와 가슴을 압박하고, 이어 열기를 머리로 밀어 올린다. 이러한 긴장감을 잘 느껴서 오늘은 화가 잘 날 수 있는 상태임을 알게 되면 미리 조심을 할 수 있다.

화가 나기 쉬운 상태라면 우선순위를 이러한 상태에서 벗어나는 것에 초점을 맞춘다. 심호흡, 산책, 운동, 명상 등 몸과 마음의 긴장을 푸는 노력을 하는 것이다.

분노는 자칫하면 그동안 소중하게 쌓았던 인간관계를 순식간에 망치기도 하고, 평생 자신의 이름에 오점을 남기는 실수를 하게도 한다. 화의 이러한 위험성을 늘 마음에 새기고, 몸과 마음의 상태에 깨어 있는 노력을 하다 보면 화의 화(禍)를 예방할 수 있다.

두려움과 불안

혜가(慧可)는 유불선(儒佛仙)에 통달해 학문적으로 이미 당할 자가 없었다. 그런데도 불혹의 나이가 되었을 때 마음이 조금도 안정되지 않았다. 여전히 살아가는 것이 힘들고 죽는 것도 두려웠다. 그는 달마대사(達磨大師)를 찾아가 그의 제자가 되었다. 하루는 혜가가 달마에게 물었다.

"제 마음이 너무나 불안합니다. 어떻게 해야 합니까?"
달마가 말했다.
"그 마음을 내게 가져오라. 그러면 너를 편안케 해 주겠다."
혜가는 그 마음을 찾아보려 했으나 그럴 수 없었다.
"아무리 찾아도 그 마음을 찾을 수 없습니다. 어떻게 해야 합니까?"
달마가 답했다.
"이미 그대의 마음을 편안케 해 주었다."

위 구절은 선(禪)에서 유명한 일화 중 하나다. 이야기는 여러 가지로 해석되는데, 그중 하나는 불안을 포함한 '마음'이란 실체가 없다는 것이다. 그러므로 마음챙겨 잘 들여다보면 사라진다는 것이다.

실제로 우리가 불안하다고 느낄 때 가만히 들여다보면 앞에서 보았던 화와 마찬가지로 몇 가지 신체적인 감각과 거기에 붙어 있는 생각들로 해체된다.

불안이란 무엇인가? 글자로 보면 한자로는 '不安', 즉 안정되지 않다는 것이다. 영어로는 'anxiety'인데 가슴이나 목이 막히고 조이는 느낌을 뜻하는 인도 게르만어 'angh'에서 유래되었고, 'anger, anguish' 등과 어원이 같다. 불안이 가져다주는 신체 느낌을 잘 포함한 표현이다.

두려움은 구체적인 대상이 있을 때 생기는 감정이며, 불안은 대상이 확실하지 않은 경우에 느끼는 감정이다. 실제로는 두려움과 불안이 혼재되어 나타나는 경우가 많다. 두려움과 불안은 스트레스의 가장 주요한 원인이 된다.

인적이 드문 숲속을 걷는데 어디선가 동물의 이상한 소리가 들린다. 그때 느끼는 감정은 바로 불안이다. 그런데 숲속 길을 가는데 앞에서 맹수가 나타났다. 그때 느끼는 감정이 바로 두려움이다. 불안은 위험이 닥칠지 모르니 주의하고 준비하라는 몸의 신호이고, 두려움은 위험이 닥쳤으니 도망가라는 신호이다.

불안의 많은 경우는 있는 그대로의 사실이 아니라 우리의 생각 때문에 비롯된 경우가 많다. 우리 몸과 마음의 시스템이 생명에 대한 위협이 많던 원시 시대에서 비롯된 것이기 때문이다. 있는 그대로의 사실을 바라보면 그 정도로 불안하고 두려워할 일은 많지 않다. '지금 죽을 듯이 불안해'라는 생각이 들 때 가만히 들여다보면, 죽을 만큼 위협적인 상황은 거의 없다. 오히려 그런 생각이 사태를 위태롭게 만든다.

명상이 불안에 대처하는 방식은 다음과 같다.

- ✦ 깊고 고요한 호흡을 통해 흥분된 신경을 안정시킨다.
  : 신체의 긴장이 완화되고 심장박동이 느려지면 불안한 느낌 줄어듦.
- ✦ 생각 → 긴장 → 생각 → 긴장의 악순환을 차단한다.
  : 불안과 긴장을 만드는 생각을 알아차리고 흘려보냄.
- ✦ 명료하게 깬 의식으로 생각을 바라보고 검토하여 역기능적 왜곡된 사고를 바로잡는다.
  : '지금 상황이 그렇게 불안한 상황인가? 불안해하는 것이 내게 도움이 되고 있는가?'를 스스로에게 질문할 것.

실제 필요보다 더 크게 불안해하는 경향성이 자신에게 있음을 알게 된다면, 그 밑에 깔려 있는 암묵적인 믿음들과 생각들을 살펴볼 수 있다.

당황스러움

당황스러움은 우리가 예상하지 못했던 일 혹은 예상은 어느 정도 했지만 일어나지 않기를 바랐던 일들이 일어날 때 느끼는 감정이다. 알아차림의 힘이 강해지고 섬세하면 점차 당황스러운 일들이 주변에서 적어지게 된다. 대부분의 사건들은 그전에 미세한 사전 징후들을 통해 우리에게 사전 신호를 보내기 때문이다.

직장 생활을 문제없이 잘하고 있다고 생각했던 팀원이 어느 날 갑자기 사표를 제출하는 경우, 상사는 당황스럽다는 느낌을 받게 된다. 그러나 그 상황의 전후 사정을 자세히 들여다보면, 그런 사건이 일어나기에 앞서서 팀원의 어두운 얼굴 표정에서, 혹은 지나가는 말로 던진 표현에서 여러 가지로 '나는 이곳이 마음에 들지 않습니다'라는 신호가 있었음을 알 수 있다.

당황스러운 일이 내 주변에서 자주 일어나서 '왜 나한테만 이런 일이?'라는 생각이 자주 든다면, 혹시 나의 의식이 섬세하지 못해서 삶이 보내는 미세하지만 명확한 신호들을 놓치고 있는 것은 아닌가 돌아보아야 한다.

부정적 감정과 느낌에 대한 코칭

코칭을 하다 보면 사람들에게서 가장 먼저 명확히 드러나는 것은 부정적인 감정과 느낌들이다. 미래에 대한 불안 역시 그중 하나이다. "전에는 잘 몰랐는데 코칭을 받으면서 곰곰이 생각해 보니 이대로 있으면 안 될 것 같아요.", "더 늦기 전에 회사를 옮기거나 공부를 더하든가, 뭔가 해야 할 것 같아요." 등 이처럼 자신의 처지와 미래에 대한 불안감을 느끼기 시작하는 경우도 자주 있다.

이러한 이유로 조직에서 코치가 코칭을 할 때에는 주의를 기울여야 한다. 자칫하면 '이직률의 증가'라는 부작용이 발생하기 때문이다. 상대방이 자신에게 처음 나타나는 이러한 불안과 부정적 감정에 대해 효과적으로 대처하지 못하고, 부정적 느낌과 감정에 기초해서 실행 계획에 곧바로 뛰어들도록 하기 때문이다.

경험이 많은 코치는 이러한 부정적인 감정과 느낌이 드러나는 것이 일시적이라는 것을 잘 알고 있기에 이런 상황에 있을 때 행동으로 옮기는 것을 자제하도록 권유한다. 어떤 큰 결정을 옮기기 전에 보다 자신의 감정의 변화를 잘 바라보고, 또 행동 이후의 결과에 대해서도 면밀히 생각해 보는 시간을 두는 것이 필요하다.

리더들이 힘들어하는 것

코칭에서 리더들이 가장 힘들어하는 부분은 역시 경청의 초기에 나타나는 상대방의 부정적인 견해와 감정의 표출이다. 팀원과 솔직하게 말할 수 있는 분위기를 만들고 이야기하게 하면, 불만과 짜증을 퍼붓기 시작하여 듣고 있기 힘들다는 것이다. 하지만 그러한 부정적 감정의 표출이 코칭 초기에 일어나는 자연스러운 과정이라는 것을 설명하면 그제야 안심하곤 한다.

부정적인 감정과 느낌을 잘 알아차리고 분출하고 나면 그 밑에 있는 긍정적인 감정과 느낌들이 살아나기 시작한다. 그래서 분노를 느꼈던 사람에 대한 느낌이 연민으로 바뀌거나, 또 지금 내가 있는 처지에 대해서 긍정적인 부분을 재발견하기도 한다. 부정적인 감정과 느낌을 억압하지 않으면서 그 밑에 있는 긍정적인 감정을 함께 느끼고 표출할 수 있는 것이 중요하다. 그러나 이것은 말처럼 쉬운 일이 아니다. 때때로 분노가 치밀고 불안해지며 또 그것에 휩싸여 이리저리 끌려다니고, 그러한 자신의 모습에 실망하며 그런 감정을 표현하기보다는 억압한다.

코칭을 하다 보면 인지 능력은 굉장히 뛰어나나 감정에 대해서는 잘 느끼지도, 표현하지도 못하는 리더들을 종종 보게 된다. 감정을 물어봐도 생각만을 얘기하는 경우도 많이 있다.

감정도 지능과 마찬가지로 어렸을 적부터 자주 경험하면서 다루는 경험을 해야 적절한 감정을 적절한 정도로 느낄 수 있다. 마치 어렸을 적부터 축구공을 다룬 아이들이 어른이 되어서 능숙한 발놀림을 하게 되는 것처럼 말이다. 감정을 느끼고 표현하는 것이 아직 불편한 사람 중에는 의외로 스마트한 사람들이 많다. 머리가 너무 좋아서 인지 능력이 발달하다 보니 그 반대로 감정에 대해서는 소홀히 대해 왔기 때문이다.

성숙으로 향하는 삶은 아름다운 예술품을 만들어 가는 과정과 비슷하다고 생각한다. 성숙한 리더들을 보면서 잘 빚은 도자기를 볼 때처럼 자연스러움과 아름다움을 느끼는 것은 이 때문이리라.

성숙의 길은 먼저 부정적인 감정을 있는 그대로 바라보고 받아들이는 수용으로부터 시작된다. 중요한 것은 이미 일어나고 있는, 혹은 일어난 감정에 대해서 회피하거나 억압해서는 안 된다는 사실이다. 감정이 일어남과 사라짐을 명확히 바라보고, 상황에 맞게 적절하게 그것을 다룰 수 있어야 한다. 내가 좋은 의도와 의지를 갖고 있다고 해서('좋은 상사가 되어야지, 좋은 부모가 되어야지') 그것과 일치하지 않는다고 생각되는 감정들을 억압해서는 안 된다. 좋은 상사가 되자고 결심한 상사가 팀원이 실수하는 것을 보고 의식적이건 무의식적이건 '화를 내면 안 되지'라며 화를 억누르는 것은 좋지 않다. 대신 화가 일어나는 순간 '화가 나고 있구나'라는 것을 알아차려야 한다. 그것을 알아차리게 되면 오히려 화는 그 공격성을 잃고 부드럽게 순화된다.

이렇게 부드럽게 순화된 감정은 표현해도 큰 상처를 주지 않는다. 알아차림 없이 감정을 표현하는 것이 마치 칼로 다른 사람의 심장을 찌르는 것이라면, 알아차림을 통과한 감정은 마치 사찰에서 죽비로 한 대 톡 치는 것과 같이 약간의 따끔함과 긴장감, 생각의 환기를 가져다준다.

변화보다 먼저인 것

포커싱(focusing) 기법의 창시자이자 저명한 심리학자인 유진 젠들린(Eugene T. Gendlin) 박사는 감정에도 법칙이 있다고 말한다. 대부분의 사람은 좋지 않은 감정이나 마음에 품어서는 안 될 감정을 품었을 때는 이를 부정해야 한다고 생각한다. 그러나 그런 식으로 감정을 다스린다면 감정은 조금도 변하지 않으며, 몇 년이 지나도, 아니 성격에 따라서는 몇십 년이 지나도 그 사람의 내면에 그대로 남아 있게 된다. 이와는 반대로 감정에 여유를 주면서 그것을 인정하고 잠시 동안이라도 마음으로부터 감정을 받아들이게 되면, 감정에 변화가 일어나기 시작한다.

이처럼 자신의 감정에 대해서도 '수용'의 태도가 중요하다. 감정이 변화하기 위해서는 먼저 감정에 대한 수용이 일어나야 한다. 지크문트 프로이트(Sigmund Freud)가 지은 다음 우화가 이를 잘 말해 준다.

옛날에 한 거인이 살고 있었다. 그에게는 유일한 고민거리가 있었는데, 바로 그의 심장이 칼에 찔리면 목숨을 잃는다는 것이었다.

그는 죽지 않기 위해 몇십 개의 상자를 겹겹이 포개어 그 안에 자신의 심장을 보관했다. 그러고도 안심하지 못한 거인은 심장을 담은 상자를 뒤뜰 땅속 깊숙이 파묻어 버렸다. 그로 인해 어느 누구도 그 거인을 죽일 수 없었다. 아무리 그를 칼로 찔러도 그의 심장은 아무런 상처를 입지 않았기 때문이다.

그러나 심장을 몸 밖에 보관하였던 거인은 사랑이나 감정, 즐거움을 전혀 느낄 수 없었다. 육체는 살아 있지만, 가장 중요한 심장이 그 안에 있지 않았기 때문이다.

그 후 오랜 세월이 흘렀다. 그리고 한 영웅이 그의 집에 들렀다가 우연히 그 상자를 발견하고는 칼로 거인의 심장을 찔렀다. 마침내 거인은 죽었는데, 그의 얼굴은 미소를 띠고 있었다.

우리의 심장과 신체에서는 감정을 느끼고 있는데 머리로 이것을 억압하려 하고 회피하려 한다. 감정을 억누르지 않으면 진정한 나와 만날 수 있는 길이 더 크게 열린다. 이때 자기 자신의 감정을 수용하는 가장 좋은 방법은 어떤 감정이 일어나는 순간 있는 그대로 '내게 ~한 감정이 일어나고 있구나'라고 마음챙김하는 것이다. 이러한 감정 알아차림에 도움이 되는 방법이 바로 '이름 붙이기'이다. 감정에 휩싸여 하나가 되어 있을 때 이름을 붙여 주면 그곳에서 한 발짝 떨어져 바라볼 수 있다. 방법은 어렵지 않다.

부정적 감정이 들면 곧바로 그 감정에 반응을 하지 않고 일단 그 감정이 내게 일으키는 여러 가지 신체적 반응들과 생각들을 바라본다. 그리고 그 감정에 이름을 붙인다. 분노의 감정이면 '분노'라고 마음속으로 이름을 붙이고, 그 감정이 어떻게 변해 가는지를 살펴본다.

분노, 두려움 같은 감정은 우리의 원시 뇌의 작동이다. 반면 이름을 붙이는 행위는 보다 인간적인 발달된 뇌의 작용이다. 우리가 원시 뇌에 지배되어 있는 상황에서 이름을 붙이려 노력하는 순간, 인간다운 뇌로 에너지를 보내 활성화함으로써 원초적인 본능의 상태에서 벗어날 수 있다. 그 감정에 정확한 이름을 명명하고 바라본다면, 그 감정은 불과 몇 초 만에 힘을 잃고 서서히 사라질 것이다.

감정 표현하기

분노, 화라는 감정은 매우 골치 아픈 존재다. 화를 내야 할지 말아야 할지 망설이는 경우가 많기 때문이다. 성질대로 화를 내자니 사람과의 거리가 멀어질 것 같고, 화를 안 내고 넘어가자니 분도 안 풀리고 사람들이 나를 '물'로 볼 것 같다. 그렇다면 화를 내는 것이 과연 나쁘기만 한 것인가?

그렇지 않다. 화를 내는 것은 상대방으로 하여금 알아차림이 일어날 수 있도록 도와줄 수 있는 좋은 수단이자 자신이 한 말이나 행동의 심각성을 깨닫게 할 수 있다.

화라는 것은 동물들의 감정 중 가장 기본적인 감정이다. 누군가 나의 영역에 침범했다든가, 해치려 할 때 나타나는 가장 기본적인 공격 성향이다. 즉 생존을 위한 방어 본능인 것이다. 그러기에 '화'라는 것은 적절한 상황에서 적절하게 표현되면 서로가 서로에 대해 깊이 알아차릴 수 있는 계기가 된다. 그 사람에게 넘어서는 안 될 경계가 무엇인지 알려주기 때문이다.

많은 경우에 화를 내야 할지 말아야 할지 명확하게 구분이 안 가는 경우가 있다. 그럴 경우에는 다음의 '화의 중도적 표현'을 활용할 수 있다.

깊이 있는 대화를 나누기 위한 자세

화의 중도적 표현은 화를 내는 것이 아니다. 자신 안에 화가 일어났음을 알아차리고, 그 알아차림을 표현하는 것이다. '솔직히 그 이야기를 듣는 동안에 내 안에 불편함도 있었고 화도 일어났다'라는 식으로 이야기하는 것이다.

이렇게 약하게 표현해서 과연 얼마나 효과가 있을까 하는 의문이 들 수도 있다. 그러나 침착하게 '화가 났다'라고 이야기하는 것은 때로 상대방에게 큰 울림을 준다. 소리를 높이며 화를 내는 사람에게는 일단 나를 방어하고자 하는 방어 기제가 작동하지만, 차분하게 "나는 화가 났(었)다"라는 이야기를 상대방에게서 들으면 '나의 무엇이 이 사람을 화나게 했을까?' 하는 질문을 스스로에게 하게 된다. 그리고 자신이 한 행동이 다른 사람에게 어떤 영향을 미쳤는지 알 수 있도록 도와준다.

화뿐만이 아니다. 기쁨, 슬픔, 실망, 희망 등 다양한 감정과 느낌이 우리를 스쳐 지나간다. 그 감정의 파도에 휩쓸려 일희일비하는 것이 아니라, 그 감정의 파고를 바라보고 내게 그런 감정들이 지나가고 있음을 알아차린다. 그리고 내 주위의 소중한 사람에게는 어떤 감정의 파도가 지나가고 있는지 살펴본다. 기회가 되어 그 파도에 대하여 서로 이야기를 나눈다면 더 깊이 있는 대화를 나눌 수 있고, 나와 상대방을 더 깊이 이해할 수 있게 된다.

화를 위한 명상 : 화를 옮기지 않기

필자의 아이가 아주 어렸을 적 이야기다. 부모님을 찾아뵙고 운전을 해서 집으로 돌아오는 길이었다. 첫째 아이가 짜증을 부리기 시작한다. 급기야 잠들려고 하던 둘째까지 크게 울기 시작했다. 아내는 큰소리를 내며 첫째 아이를 혼낸다. 내 속에서 불편한 느낌이 일어난다. 뭔가 부글부글 끓기 시작한다.

아이의 울음소리에 마음의 중심이 흔들렸는데 아내까지 소리를 지르니 정신이 산란하다. 그때 '아내는 아이에게 자꾸 끌려만 다닌다'라는 어딘가에 잠재해 있던 생각이 떠오른다.(화가 나면 수많은 좋은 기억과 생각은 안 나고 항상 부정적인 것만 떠오른다.) 마음이 그 생각에 접하자, 더 크게 반응하며 더 화가 난다. 화를 내고 싶은 마음, 내 속의 압력이 커짐을 느낀다. '당신 왜 그래!'라고 한 마디 하고 싶다. 그런 나를 알아차린다. 운전보다는 이런 생각과 감정에 반응하고 있는 나 자신을 알아차린다.(알아차렸기에 천만다행이다!)

깨어 있음이란 지금 이 순간의 경험에 대해 수용하는 것이다. 나는 끓어오르는 화에 마음이 반응하느라 '운전'이라는 지금 이 순간의 경험에 마음을 100퍼센트 할당하지 못했다. 다행히 그런 자신을 알아차리고 다시 운전에 집중할 수 있었다. 그렇지 못했다면 결국은 아내와 아이들에게 화를 내고 말았을 것이다.(그리고 그

후폭풍을 감당해야 했을 것이다.)

마음은 매우 복잡하지만 최대한 단순화시킨다면 컴퓨터의 CPU에 비유할 수 있다. 어느 한쪽에 용량을 할당하면 다른 쪽에 쏟을 용량이 부족해진다. 지금 이 순간의 경험에 온전히 마음을 쏟는다면 다른 사람을 판단하고 비난하는 것에는 주의가 가지 않는다. 반면 지금 이 순간을 놓치게 되면 마음은 과거나 미래, 판단과 비난으로 주의가 쏠리고 그쪽으로 할당된다. 이 순간을 놓치게 된다.

앞서 운전을 하다가 화가 난 과정을 보자. 화가 더 부글부글하게 된 것은 아내에 대한 과거의 선입견과 기억, 즉 '아내는 아이를 잘 다루지 못하고 끌려다닌다'는 생각이었다. 만약 내가 화를 냈다면 아내는 부당하게 느꼈을 것이다. 왜냐하면 내 화가 지금 이 순간의 경험에 대한 반응이 아니라 과거의 기억에 대한 반응이었기 때문이다.

기억이란 불완전하다. 그리고 지금 이 순간의 맥락에 따라 다르게 보인다. 이런 불완전한 과거의 기억에 내 마음이 반응해서 그것을 표출하면 그것을 당하는 사람은 '이건 부당하다. 억울하다. 저 인간 왜 저래?'라는 마음이 들게 된다. 그래서 오히려 더 화를 낸다. 그럼 처음 화를 냈던 사람은 '아니, 누가 먼저 잘못해 놓고 왜 화를 내고 그래!'라는 마음에 더 화를 내는 이런 악순환을 하게 된다. 이 모든 것은 이 순간에 깨어 있지 않았기 때문이다.

이런 마음의 현상을 이해하고 있지 못하기 때문에 사람들은 갈등하고 서로를 미워하게 된다. 이를 해결하는 길은 이 순간에 깨어 있는 마음의 힘을 키우는 일이다.

공자가 아끼던 제자 중에 안회(顔回)라는 사람이 있었다. 그러나 안회는 일찍이 젊은 나이에 세상을 떠났고, 공자는 '하늘이 나를 버리시는 구나, 하늘이 나를 버리시는 구나(天喪予, 天喪予)'라고 애타 했다. 안회를 칭찬하며 공자는 "불천노(不遷怒)"라고 말했다. 뜻을 풀이하면 '화를 다른 사람에게 옮기지 않는다'라는 뜻이다. 화를 다른 존재에게 옮기지 않는 건 최상의 수행의 경지이다.

화를 내는 사람 앞에서 어떤 반응이 일어나는가? 호흡을 잘 관찰해 보면 다른 사람이 나에게 화를 내는 순간, 내 호흡이 짧아지고 근육이 경직된다. 상대의 긴장이 내게로 전달되는 순간이다. 이런 경험이 반복되면 내 몸에 점차 긴장이 쌓인다. 이렇게 차곡차곡 쌓인 긴장감은 부지불식간에 표출되게 된다.

화를 전하지 않는 것. 그 시작은 호흡의 알아차림에 있다. 누군가 내게 화를 내는 순간, 내 호흡을 길고 편안하게 유지하는 것이다. 그러면 상대의 긴장과 분노는 내게 전달되지 않고 허공에 흩어진다.

화는 긴장에서 생겨난다. 몸이 이완되어 있는 상태에선 좀처럼 분노가 잘 생기지 않는다. 이완된 몸과 마음은 촉촉한 나뭇가지와 같아서 분노의 불길이 좀처럼 옮겨 붙지 않기 때문이다. 그리고 평소에 나의 몸이 긴장의 흐름 속에서 있는지 이완의 흐름 속에서 있는지를 알아차리는 것도 도움이 된다.

다음은 내 몸이 어떤 흐름에 있는지 알아차리는 방법이다.

- ✦ 심호흡을 한다.
    - → 숨이 턱 막히는 느낌이 든다면 몸이 긴장되어 있는 상태이다.
    - → 배 아래쪽까지 깊게 들이쉬고 내쉴 수 있다면 잘 이완된 상태이다.
- ✦ 배를 만져 본다.
    - → 배가 차갑고 굳어 있다면 긴장된 상태이다.
- ✦ 목을 이리저리 돌려 본다.
    - → 목과 어깨가 굳어 있다면 긴장된 상태이다.
- ✦ 손발이 따뜻한지 살펴본다.
    - → 이완된 상태에서는 손발이 따뜻해진다.

긴장의 흐름에 있다면 그 흐름에서 벗어나 이완의 흐름으로 나아가야 한다. 이는 분노를 다스리고자 할 때 가장 먼저 해야 할 일 중 하나이다.

인지의 왜곡에서 벗어나기

마음을 이해하면 마음이 일어나고 변하며 사라져 가는 과정을 볼 수 있다. 물론 쉽지는 않을 것이다. 하지만 그 과정에서 마음의 복잡한 움직임들이 우리가 세상을 바라보는 시각을 어떻게 왜곡시키는지, 즉 마음이 어떻게 오염되는지 알 수 있다. 이러한 마음의 오염은 우리가 내면의 빛을 향해 가는 데 가장 큰 걸림돌이 된다.

불교 명상과 서구 심리학의 인지 치료에서도 인간의 불행은 '있는 그대로'를 바라보지 못하는 데서 비롯한다고 공통적으로 말한다. 즉 우리가 이루는 많은 성과와 행복은, 있는 그대로를 얼마나 정확히 바라보고 이해했는가에 달려 있는 셈이다. 있는 그대로를 바라보지 못하는 이유는 우리가 갖고 있는 선입관, 편견, 검증되지 않은 암묵적인 가정, 그렇게 되었으면 하는 마음, 그것을 회피하고자 하는 마음 등이 있기 때문이다.

개인의 착각은 많은 사람들에게 피해를 준다. 특히 리더가 '있는 그대로'를 바라보지 못할 경우, 팀과 조직 전체는 큰 위기에 빠진다. 반면 리더가 '있는 그대로'를 바라볼 수 있다면 그 조직은 큰 힘을 발휘하게 된다.

기업도 과거의 성공 전략을 반복하다 보면 해당 전략을 수행할 수 있는 역량은 점점 증가하고, 과거의 방식을 지속하고자 하는 탐심이 생기게 된다. 그래서 시장을 바라보는 시야는 좁아지고, 결과적으로 새로운 대안 모색을 점점 게을리함으로써 성공 함정에 서서히 빠지는 것이다.

이러한 오류를 범하지 않기 위해서 있는 그대로 관찰하는 것이 중요하다. 이러한 관찰력은 외부 세계, 우리의 몸, 감각, 마음의 움직임을 있는 그대로 바라볼 때 확립된다. 행복과 깨달음은 멀리 있는 것이 아니라 우리의 마음을 얼마나 정확하고 섬세하게 집중하여 바라보고 이해하는지, 그리고 그 결과로 세상을 얼마나 정확히 바라볼 수 있는지에 달려 있다.

어떤 것에 자신의 시간과 자원, 에너지를 많이 쓰게 되면, 처음에 생각했던 것보다 그 행동 후에 그것에 대해 훨씬 더 가치가 있다고 생각하게 된다. 반대로 어떤 것에 나의 시간과 자원을 써야겠다고 생각하다가도 그것을 실천에 옮기지 못하게 되면 그것은 무의미한 것, 가치 없는 것이라고 생각을 바꾸곤 한다. 이것을 우화로 잘 비유한 것이 「여우와 신포도」 이야기이다.

코칭을 할 때도 이것과 비슷한 과정이 일어난다. 처음에 팀원과의 일대일 면담, 인간적인 관계를 맺는 데 시간과 에너지를 쏟기로 마음먹고 이를 실천한다. 그리고 그것을 행동으로 옮긴 후에는 그것이 그만큼의 가치가 있는 것이었다고 생각하게 되고 그것을 계속 실천한다. 이렇게 해서 선순환으로 이어지게 된다.

이와 반대의 악순환에 빠지는 경우도 있다. 처음에 팀원에게 관심도 많이 갖고, 일대일 면담도 자주 해야겠다고 마음을 먹지만 일상에 쫓기다 보니 실천을 못하게 된다. 이것이 반복되면 팀원과의 관계, 성장 지원이 중요하지 않다고 생각하며 자신의 행동을 합리화하게 된다.

자기 확장성을 해체하는 힘

인지와 관련해서 중요한 사실은, 인지는 자기 확장성을 갖는다는 것이다. 일단 어떤 믿음을 갖게 되면 그것을 확인하고 강화하며 확장하는 방향으로 움직인다. 예를 들어 어떤 팀원에게 문제가 있다는 생각을 갖게 되었다고 하자. 그러면 그러한 생각은 스스로 그것이 정당하다고 확인하고 강화, 확장하고자 한다. 그래서 그 팀원에게 문제가 있다는 것을 증명하는 사건이 발생하면(가령 중요한 진행 상황을 나에게 보고하지 않고 진행했다면) 그 팀원이 잠재력을 발휘하고 있지 못한 것에 안타까워하는 것이 아니라 '역시, 내 생각이 맞았어. 저 팀원은 문제가 있어'라며 자신도 모르는 사이에 마음속에 미세한 기쁨이 스쳐 지나간다. 또 그러한 태도는 신기하게도 팀원에게 전달된다. 자신의 팀장이 질책을 하며 "모두 너를 위해서 그러는 거야!"라고 말해도 전혀 그 말이 진실로 와닿지 않게 된다.

이것은 자녀와의 관계에서도 흔히 일어난다. 자녀가 게으르고 책임감이 없다고 생각하고 있는 부모는 자녀가 그 생각에 합치되는 행동을 할 경우에 '내 아이가 좀 더 부지런해지고 책임감이 있었으면' 하는 기원을 하기보다는 '네가 그렇지 뭐. 내가 뭐랬어. 쟤는 왜 저렇게 게으르고 무책임한 거야!'라는 자기인지에 대해 정당화하고 강화하게 된다. 그 순간을 세심하게 보면 아이에 대한 분노와 함께 그 밑에는 자신의 생각이 정확했음을 확인하는 순간의 기쁨이 서려 있다. 이처럼 생각의 일어남과 생각의 자기 확장성을 깨닫지 못하고 끌려다니고 있다면, 자신이 원하는 방향대로 자녀 혹은 팀원이 변하고 성장하기란 요원한 일이 되고 만다.

인지는 그러한 분노와 기쁨을 연료로 다시 자신을 확장시킨다. 그러므로 우리는 이러한 인지의 변형과 왜곡이 일어나는 과정을 잘 지켜봐야 하며, 내가 어떤 인지를 하고 있는지에 대해서도 계속 알아차림을 해야 한다. 그리고 인지가 자기 확장성을 가지고 움직이려 하는 순간도 알아차려야 한다.

명상 수행은 여러 가지 요인으로부터 일어난 이러한 인지의 왜곡이 우리가 겪게 되는 불행의 근원임을 말하고 있다. 그리고 그러한 인지의 왜곡에서 벗어나는 것이 진정한 지혜를 얻고, 고통에서 벗어날 수 있는 길임을 강조하고 있다.

욕망을 명징하게 바라보기

앞서 사람을 이루는 다섯 가지 요소에 느낌(受)이 있다는 것을 보았다. 느낌에는 좋은 느낌(樂受, 낙수), 나쁜 느낌(苦受, 고수), 좋지도 싫지도 않은 느낌(不苦不樂受, 불고불락수)이 있는데, 좋은 느낌을 받게 되면 이를 유지하고 싶은 마음(貪心, 탐심)이 일어나고, 나쁜 느낌을 받으면 그것을 싫어하는 마음(嗔心, 진심)이 일어난다. 좋은 느낌을 주는 것에 대해서 우리는 그것을 지속시키려 하고 더 많이 갖고 싶어 하는 마음이 생기는데, 그것이 바로 욕망이다.

욕망이 가지는 힘은 실로 어마어마하다. 인간의 욕망은 인간이 하늘을 날고, 달에 여행을 가며, 하늘로 솟은 높은 빌딩을 짓기도 하고, 바다를 메워 새로운 땅을 만들게 하는 원동력이다. 하지만 인간을 파멸로 이끄는 장본인이기도 하다.

한 평범한 인간을 위대하게 만드는 것도 욕망이지만, 추악한 죄인으로 만드는 것도 욕망이다. 욕망이라는 거대한 불길을 어떻게 활용하느냐에 따라 그것은 많은 사람을 따뜻하게 만드는 커다란 화로가 될 수도 있고, 그 불의 주인을 통째로 태워 죽일 수도 있다.

욕망을 에너지로 활용하느냐 아니면 욕망에 이끌려 타락의 길로 가느냐 하는 것은 '내가 욕망에 대해 얼마나 깨어 있는가'에 달려 있다. 그러므로 욕망이 나의 사고, 감정, 그리고 의지에 어떤 영향을 미치고 있는지를 명징하게 바라보는 것이 중요하다. 어떤 수행 책의 제목처럼 '바라보면 사라진다'. 명징하게 바라보면 욕망은 더 이상 힘을 발휘하지 못하고 나를 속이지도 못한다.

기업은 이러한 욕망을 가진 사람들이 모인 곳이다. 힘든 프로젝트를 완수하는 것도, 밤새워 새로운 아이디어를 짜내는 것도, 불모의 사막에서 모래를 먹으며 공장을 건설하는 것도 이러한 욕망이 있기 때문이다. 하지만 리더가 자신의 권력을 이용해 회사 전체보다는 자기만의 이익을 먼저 챙기는 것도, 회사에 거짓 보고를 하게 되는 것도 욕망 때문이다. 욕망은 교묘히 사고 과정에 개입하여 스스로를 속인다. 마치 살구씨 기름을 본 여우가 처음엔 의심하다가 결국 유혹에 넘어가는 것처럼. 그러므로 기업의 과제는 구성원들의 욕망을 긍정적인 방향으로 활용할 수 있게 하거나 구성원들이 욕망에 의해 스스로 속지 않을 수 있는 명징한 마음을 갖게 하는 것이다.

한편, 욕망은 사고를 현실과 동떨어지게 만들어 판단력을 흐리게 만들기도 한다. 아주 똑똑하던 사람이 터무니없는 큰 실수를 저지르는 것을 종종 보게 되는데, 그 배경에는 욕망으로 판단력이 흐려진 경우가 대부분이다.

욕망은 우리의 사고를 조금씩 왜곡시켜 판단력을 흐리게 하고 직관력도 힘을 못 쓰게 만들어 버린다. 그래서 명상의 많은 전통과 동서양의 현자들이 인지의 왜곡에서 벗어나 있는 그대로를 바라보는 것이 중요하다고 강조한 것이다.

원래 세상을 맑게 비추던 호수와 같던 우리의 마음은 그 위로 불어오는 바람 때문에 파도와 출렁임이 생겨서 그 모습을 정확히 비추지 못하게 되었다. 더욱이 오스트리아의 철학자 비트겐슈타인(Witgenstein)이 말한 대로 우리의 사고는 "대중에게 공개돼 관찰의 대상이 되는 육체적 행동과는 달리, 격리된 상태의 의식 내부에서 진행"되기 때문에 왜곡되기 쉽다. 그러므로 우리의 생각과 마음을 투명한 유리를 보듯이 스스로 주의 깊게 지켜봐야 한다. 마음이 오염으로부터 벗어나 원래의 청정한 거울 역할을 회복하기 위해서는 집중된 상태에서 마음을 세심하게 관찰하고, 그 과정에서 왜곡이 일어나지 않도록 마음챙김을 해야 한다.

눈을 크게 뜨고 탁월함을 발견하기

사람은 모두가 다르다. 마치 계절에 봄, 여름, 가을, 겨울이 있는 것과 같다.

봄은 온화하고 따뜻하며 언 땅을 녹여 대지에 생명이 싹 트도록 도와준다. 여름은 태양만큼 뜨거운 햇빛을 대지에 퍼부어 생명이 자랄 수 있도록 하고, 가끔은 시원한 소나기를 내려 대지를 촉촉하게 적셔준다. 가을은 따가운 햇살과 서늘한 바람으로 그동안 자라난 생명들이 풍성한 과실을 맺게 한다. 반면 겨울은 차디찬 북풍으로 온 대지를 얼게 만든다. 그러나 그 차가움과 매서움으로 내년에 자라날 생명을 더욱 강인하게 만들고, 병충해를 없애 준다. 이러한 사계절은 신이 우리에게 준 축복이라는 생각이 든다.

그런데 가만히 사람들을 들여다보면 사람 중에도 사계절이 있다. 어떤 사람은 봄과 같이 온화하고 따뜻해서 다른 사람을 잘 보살펴 주고, 어떤 사람은 여름처럼 뜨거운 열정과 에너지로 다른 사람의 가슴마저 뜨겁게 만들어 준다.

어떤 사람은 냉철한 판단으로 일이 논리적으로 처리될 수 있도록 도와주고 일을 꼼꼼하게 마무리 지어 결실을 맺게 한다. 어떤 사람은 곁에 가기만 해도 싸늘한 기운이 들 정도로 무섭지만, 속을 들여다보면 온돌방처럼 따뜻한 사람들도 있다. 사계절이 서로 다르고도 나름대로의 소중한 면이 있듯이 사람들도 각각 나름대로의 가치가 있다. 이러한 다름이 사회와 조직을 더욱 풍성하게 만드는 것이다.

조상들이 사계절을 활용하여 풍성한 농작물의 결실을 일구어 냈듯이, 우리는 조직원들의 다양한 성향들을 통해 시너지를 내어 풍성한 결실을 이루어 낼 수 있다. 팀원의 다양성은 조직을 더욱 풍성하고 효과적으로 만들어 주는 자원인 것이다.

그런데 코칭을 하면서 리더들을 만나다 보면 팀원의 이러한 다양성이 주는 기회를 활용하고 있지 못하는 모습을 자주 보게 되어 안타깝다. 자신과 성향과 성격이 다른 팀원이 가진 탁월성을 보지 못한 채, 자신의 성격이 가진 필터만으로 그 사람을 판단하고 비난하려고 하는 것이다.

먼저 인정하기

사람들이 가지는 다양성의 에너지를 활용하기 위해서는 먼저 상대가 가지는 탁월성을 발견하고 인정해 주어야 한다. 각 성격에는 그 유형이 가지는 탁월성이 있다.

- ✦ 속도가 빠른 팀원 : 추진력
- ✦ 속도가 느린 팀원 : 꼼꼼함, 여유, 전체를 고려하는 능력

논리력과 분석력이 뛰어난 팀원은 체계적으로 사고하고 정리하는 탁월성이, 감성이 풍부한 팀원은 다른 사람을 배려하고 누구와도 친해질 수 있는 친화력이라는 탁월성이 있을 수 있다.

사람들은 대부분 자기 자신이 뛰어난 탁월성을 가진 부분에 대해서는 다른 사람에게서도 그 탁월성을 비교적 쉽게 발견한다. 예를 들어 업무의 속도가 빠른 리더가 팀원 가운데서 추진력이 있는 사람을 발굴하고 그 탁월성을 인정하는 것은 어렵지 않다. 자신

안에 '업무 추진력의 탁월성'에 대한 필터가 있기 때문이다.

그러나 업무의 추진력이 강한 사람은 자신의 반대 유형이 가지는 탁월성(예를 들면 꼼꼼하게 일을 처리하는 능력 혹은 다른 사람과 잘 어울리고 커뮤니케이션을 잘하는 능력)에 대해서는 간과하기 쉽다. 그런 탁월성을 볼 수 있는 필터가 없기 때문이다.

그러므로 내가 속도가 빠른 스타일이라면 속도가 느리지만 꼼꼼한 사람이 갖는 나름의 탁월성을, 내가 논리적·분석적이라면 반대로 감성이 풍부한 사람이 갖는 탁월성에 대해 더욱 눈을 크게 뜨고 바라보아야 한다.

수용하기

그다음으로 상대의 성격, 개성에 대해 수용해야 한다. 이는 어떤 것을 변화시키기에 앞서 있는 그대로를 바라보고 받아들이는 것이다. 상대방에게서 어떤 특징이 관찰된다면 '그 사람에게는 ~한 면이 있구나'라고 받아들인다. 비난이나 판단은 정확한 관찰과 수용에 장애가 된다.

미국의 천재 골퍼 타이거 우즈(Tiger Woods)의 코치인 부치 허먼(Butch Human)은 스무 살의 타이거 우즈에게 인내심이 없다는 것을 발견했다. 부치 허먼은 그런 타이거 우즈를 탓하는 대신, 우즈가 스윙, 그립, 자세, 스윙 평면 등이 능숙하게 될 때까지 한 번에 하나씩만 가르쳤다. 하나를 완벽하게 소화할 때까지 다음 것은 보여 주지 않았다. 그의 호기심을 자극함으로써 쉽게 지겨워하는 우즈가 싫증을 내지 않도록 배려한 것이다.

상대방을 수용하면 거기에 대한 최선의 해결책과 보완책은 자연스럽게 도출된다. 업무 추진력이 강한 사람은 대체로 리스크 요인에 대한 점검에 소홀할 수 있고, 혹은 다른 팀원의 감정을 헤아리는 부분에서 보다 세심함이 필요할 수 있다. 반면 꼼꼼하고 체계적인 사람은 새로운 일에 과감히 도전하는 부분이 부족할 수 있다.

만약 다른 사람이 나의 약점을 보더라도 '저 사람은 왜 저러지?'라고 생각하기보다 '내가 저 사람을 어떻게 보완해 줄 수 있을까?'라고 생각하는 사람에게 더욱 믿음이 간다.

다른 사람으로부터 신뢰를 받고 마음을 여는 데는 복잡한 테크닉이 필요한 것이 아니다. 나와 다른 사람을 보았을 때 나와 다른 면의 탁월성을 인정해 주며, 그 사람의 약점을 내가 보완해 주겠다는 마음, 즉 자애(慈愛)의 마음과 함께, 수용과 변화의 리더십이 필요할 뿐이다.

● 마이클 조던, 샤킬 오닐, 코비 브라이언의 공통점은?

명상에서 '수용'의 중요성과 관련하여 들려 드리고 싶은 이야기가 하나 있다.

미국 프로 농구에서 이름을 날렸던 마이클 조던, 샤킬 오닐, 코비 브라이언에게는 공통점 하나가 있다. 그들에게는 모두 명상 코치가 있었다는 점이다. 그의 이름은 조지 멈퍼드(George Mumford).

대학 농구선수 출신이기도 한 그는, 만성 두통과 통증으로 약물 치료를 받다가 점차 알콜 중독, 마약 중독에 빠져들었다. 그가 통증과 중독으로부터 벗어나기 위해 시도한 것이 명상이었다. 존 카밧진 박사의 MBSR 프로그램을 접하고 명상의 힘으로 점차 통증과 중독을 다룰 수 있게 되었다. 그는 명상을 통해 심각한 편두통으로 인한 고통을 극복할 수 있었다.

편두통이 시작되면 이전에는 약을 먹거나 '아, 또 시작이구나'라는 생각에 긴장을 심하게 했다. 그러나 긴장하고 애를 쓸수록 근육이 수축되며 산소가 공급이 안 되고, 그러면 다시 통증이 더 심해진다는 걸 알게 되었다. 편두통이 시작되면 한 걸음 물러나 심호흡을 하며 통증을 바라보았다.

명상 전 편두통에 시달릴 때는 하루 종일 고통 속에 있다고 느꼈다. 그러나 명상을 통해 편두통을 면밀히 알아차렸더니, 거기에는 통증이 생기고 증가하고 머물다 사라지는 것들이 보였다.

예전에는 통증과 나 자신을 동일시(identify)했지만, 통증과 나 사이에 간극을 두고 볼 수 있게 된 것이다. 그는 전문적인 훈련을 받아 명상 지도자가 되었고, 수감자들에게도 명상을 지도하는 등 활동 중에 시카고 불스의 잭필슨 감독의 부탁을 받고 시카고 선수들에게 명상 지도를 시작했다.

멈퍼드는 명상을 배우기 전 편두통이 오면 그 감각을 알아차리기보다는 두려움에 휩싸였다. 그리고 그 두려움은 더욱 몸과 마음을 긴장시키고, 이 긴장은 편두통을 더욱 악화시키는 악순환에 빠졌다.

붓다는 이를 '두 개의 화살'이라고 말한다. 어떤 사람이 화살을 맞으면 그 화살로 인한 고통은 첫 번째 화살이며, 이는 화살을 맞은 사람이라면 피할 수 없다. 그런데 대부분의 사람은 거기에 더해 '이 화살은 도대체 누가 쏜 거야', '아, 이러다 죽는 거 아냐' 등 많은 생각과 두려움, 증오의 감정을 더한다. 그러는 사이 정작 화살 맞은 상처에 대처할 마음의 여유를 잃게 된다. 이것이 두 번째 화살이다. 비록 첫 번째 화살은 맞을지언정 우리는 두 번째 화살은 피할 수 있다. 그리고 삶의 고통은 대부분 두 번째 화살에서 비롯된다.

명상의 효과를 뇌신경 과학적으로 밝힌 여러 책들이 있지만, 나는 그중에서도 『붓다의 심리학』이라는 책을 좋아한다. 저자는 하버드 의대를 졸업한 정신과 전문의로 정신 치료와 명상을 통합하여 환자들을 치료한다. 이 책의 원저는 'Thoughts without a thinker' 즉 '생각하는 자 없는 생각들'인데 명상을 통해 도달하게 되는 심리적 경지를 가장 잘 표현한 구절이라 생각된다.

그는 마음챙김을 '순수한 주의 집중(bare attention)'으로 해석한다. 그리고 "지금 이 순간, 있는 그대로의 감각적 경험과 네 반응을 구분하라. 그리고 네가 겪는 경험에 세세한 주의를 기울이라"고 말한다. 여기서 중요한 것은 감각적 경험과 반응을 구분하는 것이다. 즉 통증이라는 감각적 경험과 '싫다', '두렵다'라는 반응을 구분하라는 것이다.

대부분은 감각과 반응이 혼재되어 있으며 그러기에 동일시에 빠진다. 즉 통증과 고통을 나의 존재 전체라고 여기는 착각에 빠지는 것이다. 그 순간 우리 존재는 통증과 고통만큼 작아지고 연약해져 버린다. 여기서 빠져나오는 방법이 마음챙김이다.

엡스타인은 한 치료자의 사례를 든다. 환자인 그녀는 가족들과 식탁에 앉으면 늘 불편감을 느꼈다. 가족들이 그녀가 마치 없는 것처럼 행동하고 자신을 존중하지 않는다는 느낌을 받았다. 그런 후에 그녀는 항상 몰래 부엌으로 가서 강박적으로 무언가를 허겁지겁 먹어대곤 했다. 명상을 몇 년간 수행한 후 그녀는 가족들과 식사 시간을 가졌다.

마찬가지로 그런 불편감들이 생겨났다. 가족들이 자신에게 관심을 주지 않는 데 대한 분노가 일어났고 가족들의 기대를 충족시키지 못하는 자신에 대해 실망감이 일어났다. 그러나 그녀는 이런 감정들을 더이상 동일시하지 않았다. 그런 감정들이 그저 지나가도록 내버려두었다. 그리고 그녀는 강박적으로 음식을 먹을 필요도 느끼지 않았다.

우리는 마음챙김과 수용을 함으로써 통증이나 두려움 등 삶이 주는 불편감에서 자유로워질 수 있다. 고통이 주는 첫 번째 화살은 피할 수 없지만 두 번째 화살은 피할 수 있다. 그것만으로도 우리는 훨씬 가볍고 자유롭고 평화로워질 수 있다.

> "우리는 불안, 통증, 미움과 열정을 부드럽게 그리고 존경심을 가지고 대해야 합니다. 저항하지 않고 그것과 함께 살며, 평화로운 관계를 맺고, 그리고 그 속성을 꿰뚫어 알아야 합니다."
>
> – 틱낫한

---

* 조지 멈퍼드의 이야기는 그의 저서 『The Mindful Athlete : Secrets to Pure Performance』에서 참고.

chapter 4

명상하는 CEO

삶, '의식의 진전'을 향한 여정

삶은 살아가는 순간마다 만들어지는 움직임이다. 지금 이 순간의 느낌, 생각, 그리고 행동이 곧 내 삶의 흔적이 되며, 그 흔적은 오롯이 나만의 길이 된다. 이 길에는 미리 정해진 답이 없다. 그 누구의 발자취도 내 삶을 대신할 수 없기 때문이다. 내가 만들어 가는 발걸음, 그 여정이 바로 나의 삶이자 길이다.

인도의 격언에 "우리는 인생에 두 번 태어난다"라는 말이 있다. 한 번은 부모로부터 몸을 받을 때, 또 한 번은 영적으로 깨어날 때를 말한다. 자신이 가야 할 길을 발견하고, 그 길을 향해 첫발을 내딛는 순간이 바로 두 번째 탄생이다. 자신의 존재를 깨닫고, 의식이 열리는 그 순간이야말로 진정한 출발이다.

이 길은 혼자 걸어야 할 길이지만 결코 외롭지 않다. 깊이 들어

갈수록 더 열리고, 고독할수록 모두와 연결되는 역설적인 과정이기 때문이다.

명상과의 조우

15살 때 우연히 명상을 알게 된 나는 그 후로 명상적인 삶을 살아왔다. '나는 누구인가?' 그리고 '나는 왜 존재하는가?'라는 질문을 탐구하며, 나의 삶은 언제나 그 길 위에 있었다. 되돌아보면 내 삶에서 만난 최고의 조우는 바로 명상이었으며, 그 인연에 깊이 감사드린다.

대학을 졸업하고 대기업에 입사했지만, 그 안에서 한정적인 삶의 끝이 보여 유학을 결심했다. 이후 창업을 해서 사업가로서 삶을 살아왔는데, 한 분야에서 사업을 시작해 어느 정도 궤도에 올린다는 것이 결코 쉬운 여정은 아니다. 지난 20여 년의 시간이 그러했다. 한편으로 인간의 마음과 의식에 대한 탐구심은 항상 내 성신술의 한 죽을 차지하고 있었다. 아마도 어려서 시작한 명상의 힘이, 치열한 삶의 현장에서 보이는 인간 속성의 문제들을 그냥 흘려보내지 않았기 때문이었던 것 같다.

많은 책을 보고 여기저기 강의를 쫓아다녔지만, 그 갈증은 해결되지 않았다. 결국 인간의 마음과 행동을 과학적으로 이해해야

겠다는 결심으로 심리학 공부를 시작해서 박사 학위를 마쳤으며, 이어서 대학 병원 연구소에서 뇌파를 기반으로 한 뇌과학 연구를 하였다. 그리고 지금은 다시 불교 철학을 공부하고 있으며, 그간 심리학과 뇌과학 분야에서 15편 이상의 논문을 썼다.

경영자이자 의식 탐구자로서의 여정은 결코 쉽지 않았지만, 치열한 공부와 삶의 깊이가 공존한다는 점에서 매력적이었다. 되돌아보면 이 모든 과정이 자연스럽고 조화로웠으며, 그 중심에는 흔들리지 않는 고요함이 있었다. 일상에서 내 마음을 조용히 지켜보는 것만으로 의식은 끊임없이 확대되고 삶은 충만해진다. 이 여정은 나 자신의 성숙과 진전된 의식으로 이어졌고, 결국 나의 삶 자체가 되었다.

'마음'은 도대체 어디에 있는가?

이 물음이 현실에서 충돌한 것은 25년 전 미국에서 유학할 때였다. 대화를 하는 중에 서양인들은 '마음(mind)'을 이야기하면서 손가락으로 머리를 가리켰다. 이 동작은 나를 매우 혼란스럽게 했다. 나에게 '마음'은 언제나 가슴안에 있었기 때문이다.

어려서부터 우리가 마음을 표현할 때 자연스럽게 손은 가슴으로 향한다. 어떤 다짐을 할 때도 손을 가슴에 갖다 대는 것이 너무도 익숙한 우리다. 그래서 더욱 혼란스러웠다. 마음은 도대체 어디에 있단 말인가?

마음에 대한 탐색은 아마도 신석기 농업 혁명 이후 인류의 문명이 움트면서 함께 시작되었을 것이다. 물질의 축적이 가능해지고 큰 규모의 집단생활을 시작하면서 나와 타자의 사회적 공존은 생존과 지속성을 위한 난해한 과제가 되었을 것이다. 그리고 그 관계 역학의 중심에 바로 '마음'이 있었다. 이후 문명의 진전과 함께 고대 그리스 철학자들과 고대 인도의 수행자들, 그리고 중국 초기 유불선 선지식들은 모두 이 '마음'을 중심으로 인간 세상살이의 원리를 밝히고자 했던 것이다.

미지의 영역

사전적으로 마음은 인지와 정서 작용을 포함한다고 정의된다. 심리학에서는 지난 100년간 마음이 가장 큰 주제였으며, 최근 뇌과학의 발전으로 마음에 대한 탐구가 진전되고 있다. 뇌 관점에서 마음의 작용은 전기적·화학적 신호의 결과로 설명되지만, 여전히 많은 부분은 미지의 영역으로 남아 있다.

재미있는 점은 우리가 지금 '마음'을 공부하는 시대에 살고 있다는 것이다. 10년 전만 해도 생소했던 '마음공부'가 이제는 일상에서 쉽게 들리는 말이 되었다. 최근 몇 년간 마음과 명상에 대한 관심이 급증하고 있으며, SNS와 명상 애플리케이션을 통해 그 인기는 더욱 확산되고 있다. 일부에서는 이를 비판적으로 바라보기도 하지만, 인간의 의식과 마음을 탐구해 온 나에게는 반가운 현상이다.

위대한 여정

한 선사는 "물속의 금붕어를 지켜보듯, 내 마음을 지켜보는 일만큼 재미있는 일거리가 없다"고 했다. 인간만이 자기 마음을 지켜볼 수 있는 능력을 가졌고, 그로 인해 오늘날의 문명을 이룩할 수 있었다. 마음을 지켜보며 우리는 성숙해졌고, 그 과정에서 스스로의 길을 찾아갈 수 있었다.

사실, '나는 누구인가?(Who am I)'를 찾는 이유는, 내 정체성을 확고히 하는 것도 아니고, 고정불변한 '나-아트만(ātman, 산스크리어트어로 절대로 변하지 않고 영원하며, 가장 내밀하면서 초월적인 자아(영혼)를 뜻함. -작가 주)'을 찾는 것은 더더욱 아니다. 그건 바로 이 질문을 찾아 떠난 위대한 여정 속에서, 우리가 진정한 내가 나가야 할 길과 새롭게 형성되는 나의 온갖 가능성을 확인할 수 있기 때문이다. 그럼으로써 비로소 온전한 내 삶의 실존적 주체가 될 수 있는 것이다. 실존에 대한 명확한 자각이라는 사건은 곧 자신에 대한 100퍼센트 책임성을 의미하며, 삶의 방향과 질을 혁신한다. 그리고 그 해답을 찾는 끝없는 여정이 삶의 전 과정을 통해서 펼쳐진다.

이 위대한 여정에서 반드시 챙겨야 할 것이 하나 있다. 그것은 어떤 상황 속에서도 그 질문을 놓지 않겠다는 다짐이다. 그렇게 진전된 의식을 갖게 된다는 것은, 그만큼 자신을 옭아매고 있는 에고(ego)로부터 자유로워진 삶을 의미한다.

사업, 만만치 않은 시작

나는 어렸을 때 유독 몸이 마르고 왜소했다. 병치레를 달고 살았으며 죽음의 문턱을 다녀온 적도 있다. 그런 내가 자신감을 회복할 수 있었던 것은 살기 위해 달리기를 한 덕분이다. 오래달리기는 순발력이나 운동 신경보다 인내력 하나만 있으면 되는 일이었기 때문에 가능했다. 어떻게 해서든 참고 견디기만 하면 탈락하지 않았고, 매일같이 연습하다 보니 나중에는 오래달리기만은 내가 최고가 되었다.

장거리 달리기를 하다 보면 견디기 힘든 순간이 오는데, 이 '사점(dead point)'을 지나면 폭풍의 눈처럼 내면이 고요해지기 시작한다. 그리고 그냥 달리는 자만 있을 뿐이다. 일명 '러너스 하이 (runners' high)'라고 하는데, 어린 나이에 경험적으로 이것을 느꼈을 때, 나는 지구 끝까지라도 달릴 수 있겠다고 생각했다.

한때 디지털경영인협회라는 벤처 CEO들의 모임에서 활동한 적이 있다. 2000년대 초 벤처 바람이 시장을 휩쓸고 지나갈 무렵, 회원사가 1,000개가 넘을 정도로 활발하게 활동하던 모임이었다. CEO들은 늘 외롭다는 생각을 많이 해서인지 마음을 나누며 의지하고픈 누군가가 필요했던 것 같다. 동시에 사업에 대한 노하우와 시장 정보를 교환할 수 있기 때문에 이런 모임에 참석하는 것은 일석이조의 효과가 있었다.

초록은 동색이라고 창업 초기에 서로 비슷한 처지에 있다 보니, 나이가 오십을 훌쩍 넘긴 사장에서부터 나처럼 30대 초반의 새내기 사장들까지 쉽게 공감대가 형성되면서 친해졌다. 간혹 술자리가 마련되면 사업을 하면서 각자가 겪고 있는 어려운 점들을 토로하고 조언을 주고받기도 하면서 서로 격려했다. 그 모습은 당시 나에게 큰 힘이 되었다. 하지만 당시 1,000개를 넘던 회원사 중에 지금 살아남은 회사는 열 손가락으로 꼽을 수 있을 정도이다.

20여 년이라는 시간 동안 대부분의 회사들이 시장의 냉혹한 현실 속에서 세월의 그림자가 되어 사라져 갔다. 사업이 시장을 확보하지 못하고 실패하는 경우가 대부분이었으며, 회사의 성장 과정에서 인수합병 등으로 회사가 넘어간 경우도 있다. 또한 경영권 문제 등으로 소송에 휘말리거나 사업을 지속하지 못하는 경우도 벤처기업에서는 종종 발생하는 일이다. 이러한 우여곡절 끝에는 사장 개인뿐만 아니라 직원들과 가족들까지 모두가 희생을 감수해야만 한다. 가까이서 이런 모습들을 지켜볼 때마다 씁쓸한 감정은 이루 말할 수 없을뿐더러, 경영자로서 그 책임감이 더욱 무겁게 다가왔다.

매출이 경상이익으로 넘어가는 손익 분기점(Break-even Point, 이하 BEP)은 우리 모두의 로망이었다. 손익 분기점을 넘지 못하면 마치 코가 물속에 잠겨서 숨을 쉴 수 없는 것처럼 회사 운영은 절박하기만 하다.

많은 회사들이 좋은 아이디어와 열정으로 창업을 하지만 결국 승부는 시장에서 판가름 난다. 높은 기술력과 좋은 제품은 성공을 위한 필요조건이지, 이것만으로 시장이 승리의 월계관을 씌워주지는 않는다. 초기 회사들이 넘기 어려운 장벽이 바로 이것이다. 따라서 회사가 외부의 수혈 없이 생존력을 유지할 수 있는 손익 분기점을 통과한다는 것은 큰 의미가 있다. 사장들은 그제야 제대로 숨을 쉴 수 있고 제정신을 차릴 수 있게 된다.

우리 회사는 시작한 지 3년이 지나면서 간신히 손익 분기점을 통과할 수 있었다. 돈을 빌리지 않고서도 계속 운영을 해 나갈 수 있는 구조가 만들어진 것이다. 어린아이로 치면 네발로 기다가 두 발로 걷기 위해 막 일어서기를 했다고 볼 수 있다. 손익 분기점을 통과한 시점에서 내가 가장 먼저 한 것은 창업 초기에 급여를 제대로 주지 못한 퇴직 직원들에게 잔여 급여를 보내 주는 것이었다.

초창기 강사 급여를 주고 나면 직원 급여를 줄 형편이 안 되어 몇 개월간 급여를 제대로 못 주던 때가 있었다. 그때 기꺼이 고통을 함께해 준 직원들에게 오랫동안 가지고 있었던 마음의 빚을 갚는 것이 나에게는 가장 먼저 해야 할 의무였다. 그리고 당시 주말도 없이 수고한 직원들에게 더 나은 근무 여건을 제공하는 것도 매우 중요한 일이었다. 캐럿의 대표적인 복지 정책 중 하나인 매년 '전 직원 해외여행(아웃팅)'도 이때 도입되었다.

회사도 고민한다

회사는 회계적 손익 분기점을 넘어서면서부터 '어떻게 지속 가능성을 확보할 것인가?'라는 새로운 도전에 직면한다. 일단 조직 운영이 생존에서 성장의 관점으로 돌아서면, 그동안 조직 내부에 잠재되어 있던 '사람'에 대한 이슈들이 튀어나온다. 전략과 시스템, 그리고 실행의 중심에 사람이 있기 때문이다. 돈은 은행에서 빌려올 수 있지만 사람은 빌려올 수 없다.

20여 년 동안 경영을 하면서 진실로 깨달은 것은, 조직 구성원의 성장이 전제되지 않고서 회사의 지속 가능성이라는 꿈은 결코 현실이 될 수 없다는 것이다.

좋은 회사를 만든다는 것은, 단지 양적인 이익의 규모를 넘어서 훨씬 중요한 이슈들에 직면해야 한다는 것이다. 생존의 필요조건인 손익 분기점을 넘어서는 순간, 경영자는 무엇보다 이 부분을 집중적으로 고민해야만 한다. 즉, 구성원 개인들의 성장을 통해서 전반적인 회사의 수준을 올리고, 합리적이고 역동적인 조직 문화를 뿌리 깊게 심어 내는 것이다. 경영을 한다는 것은 사점을 넘어 계속 달리기를 하는 것이거나, 물속에 코를 박고 견뎌 내는 것, 혹은 깎아지른 암벽을 타는 것에 비할 바가 아니다. 기업가 정신이란 바로 어떤 상황에서도 이것을 가능하게 하는 것이다.

내가 사업하는 이유

내가 사업을 하는 이유는 무엇일까? 그것은 '적극적 자유'의 실현에 있다. 자유에는 두 가지 차원이 존재한다. 첫 번째는 '속박으로부터의 자유'이다. 본능적으로 우리는 신체나 정신이 구속되어 있다는 것을 인지하는 순간, 그것으로부터 벗어나기 위해 몸부

림친다. 인류가 원시 공동체를 넘어 지난 수천 년간 지향해 온 진보는 이 자유를 향한 투쟁의 역사였다고 보아도 무방할 것이다. 이것은 인간이라는 존재이자 인간다움을 위한 최소한의 필요조건이 된다.

두 번째 자유는 '무엇인가를 향하여 마음껏 추구하는 자유'이다. 태생적으로 주어진 자유와 권리를 넘어, 자신의 존재를 온전히 인식하고, 확대하고, 경계 없이 마음껏 펼치는 것이다. 에리히 프롬(Erich Fromm)은 이것을 '적극적 자유'라고 했다. 곧 최고의 삶은 여기서부터 시작된다. 자본주의와 시장경제 시스템에서 개인의 잠재된 능력을 끌어내고 향상시키는 최고의 길은 앙트러프러너십(entrepreneurship), 즉 기업가 정신을 발현하는 과정에서 펼쳐질 수 있다.

'자본'과 '시장'은 그 자체로 선함도 아니고 악함도 아니다. 오늘날 우리의 삶을 영위해 나가고 세계의 경제 질서를 유지해 나가는 플랫폼이자 시스템인 것이다.

나는 무한도전 속에서 생존을 넘어 사회적 기여와 공동의 가치를 실현해 내는 것이 기업가의 역할이자 기업의 존재 이유라고 생각한다. 따라서 현재 우리가 직면한 자본주의의 엔트로피들을 잘 소화해야 하는 책임은 분명 기업가들에게 있다. 그러기 위해서는 먼저 시장을 만들어 가는 주체들의 의식 확대가 전제되어야 한다. 수정 자본주의를 넘어 '따뜻한 자본주의 3.0'을 만들어 가야 하는 소명은 우리 시대 기업가들에게 주어진 또 하나의 의무이자 숙명이라는 것을 믿어 의심치 않는다.

성공한 CEO?

누군가를 만나면, "오랫동안 사업하셨으니 성공하셨겠네요?" 혹은 "사업이 이제 안정기에 접어들었겠네요?"라는 말을 종종 듣는다. 이런 질문을 받을 때면 순간 내 감정은 복잡해지고 뭐라 말해야 할지 난처해진다.

사업을 해 본 사람이라면 알겠지만, '안정'이란 없다. 아마 사업가가 가장 경계해야 할 단어가 바로 '안정'일 것이다. 내가 안정되었다고 느끼는 순간이나 안정을 찾아 마음이 방황하는 순간, 약동하는 생명 충동은 사라지기 때문이다. 그래서 그런 일말의 마음이 올라온다면 그것을 알아채고 스스로 큰 경종을 울려야 한다.

그러면 사업가는 늘 불안해야 하는가? 여기서 안정과 불안은 사실 같은 차원의 의미. 안정의 추구는 나아가는 에너지가 위축된 상태이고, 불안은 에너지가 떠 있으며 길을 잃은 상태이다. 즉, 온전한 방향성의 부재를 의미한다.

정신 병리학적으로 우울과 불안은 서로 앞서거니 뒤서거니 하며 같은 길을 가는 친구 같기도 하고, 서로 얽혀 있는 사촌 간이기도 하다. 문제는 우울과 불안이 우리의 삶을 어둠의 장막으로 인도하는 어둠의 안내자라는 것이다. 사업이나 개인적인 삶에서 안정은 우리가 추구해야 할 목표라기보다는, 의미 있는 삶의 과정에서 자연스럽게 깔려 있는 질적인 무드와 같은 것이다. 행복도 마찬가지다.

한편, 성공의 의미는 다분히 사회적 관점이다. 영역에 따라 다르겠지만, 특히 사업을 하는 사람들에게는 저울로 물건 달듯이 성공을 쉽게 계량화하려는 경향이 짙다. 사업의 규모가 얼마나 큰지, 직원은 몇 명이나 되는지, 매년 이익을 얼마나 내는지가 바로미터가 된다.

하지만 인격적으로 성숙된 삶을 살지 않는 한, 그 어느 누구에게도 성공한 삶이란 없다. 사업가로서의 삶도 여기서 벗어나지 못한다. 아무리 물질적인 부를 이루었다 하더라도 개인의 의식이 물질을 잘 컨트롤할 만큼 성숙하지 못하다면, 그의 삶은 정신적으로 풍요로울 수 없다. 물질이 삶의 상당 부분을 충당해 내는 그런 시대는 이미 지났다. 획일화된 산업화와 물질 중심의 사회에서 다양한 가치가 존중되는 정신 중심의 사회로 인류는 나아가고 있기 때문이다.

내면에 질문하기

우선, '나는 어느 수준의 삶을 추구하고 있는가?' 하고 자신의 내면에 진지한 질문을 던져 보길 권한다.

- ✦ 제1 수준 : 생존 수준의 삶
  보편적 인간으로서 누려야 할 삶의 질을 누릴 수 없음.
  어떤 상황에서든 이 수준의 삶은 빨리 탈피해야 함.
  이 수준의 삶은 육체적으로나 정신적으로 피폐한 삶이 됨.
- ✦ 제2 수준 : 관계 지향적 수준
  사회적 인간에게 필요조건. 하지만 삶의 질을 올려 주기 어려움.
  관계의 양 > 질
- ✦ 제3 수준 : 성장과 정신 지향의 수준
  앎의 욕구와 심미성을 추구.
  삶을 통해 진정한 자기를 실현시키고자 노력함.
- ✦ 제4 수준 : 삶이 자기의 에고(ego)를 초월하는 수준
  더 큰 나를 지향하고 의식이 지속적으로 확대됨.
  일상에서 다양한 수준의 가치를 경험하고 지향함.
  이들의 삶은 자신과 타인, 일과 사랑이 하나로 통합됨.

치열하게 경쟁하고 성취해야 하는 비즈니스 세계에서 "명상이 사업에 도움이 되는가?"라는 질문을 여러 번 받은 적이 있다. 거기에는 아마도 명상을 통해서 길러지는 선한 의식이 자칫 거친 사업 활동에 방해가 될 수도 있다는 회의론적인 생각이 깔려 있을 수도 있다.

이 부분은 민감하고 중요한 부분으로, 마치 "저격수에게도 명상을 가르쳐야 할까?"라는 질문과 맥락을 같이한다. 분명한 것은 사장의 '악함'이나 '공격성'은 어떠한 성공의 기초에도 정당성을 제공하지 못한다는 것이다. 만일 일말의 독함이나 악함이 사업 성공의 필요조건이라면, 이렇게 만들어진 성공은 수많은 사람들의 피눈물 위에 서게 되는 것을 전제한다. 이러한 결과들은 세상을 병들게 하고, 우리의 미래를 좀먹을 것이 자명하다. 최고의 검객이 되기 위해서 먼저 악한 인간이 되어야 할 이유는 조금도 없다.

검에는 선과 악이 없다. 오직 그것을 주관하는 사람의 마음만이 있을 뿐이다.

자기 동일시에서 벗어나기

의식이 높은 길로 나아가는 길에 '회사=나'라는 자기 동일시에서 벗어나는 것 또한 중요하다.

내가 사업을 시작하고 3년째에 깨달은 것은, 회사는 내 것이 될 수 없고, 내 것이어도 안 된다는 것이었다. 좋은 일터를 만들고, 사업을 만들어 가는 그 과정 안에 모든 것이 녹아져 들어 있다는 그 자체로 건전하고 생산적인 사회 시스템의 일부가 되는 것이다.

많은 사장들이 회사와 자기를 동일시하기 때문에 지옥 같은 현실에서 벗어날 수가 없다. 회사가 내 것이라고 집착하면 할수록 고통은 더욱 심해질 것이다. 사장이 내가 주인이라고 소리치고 다니면 어느 직원이 회사에서 주인 의식을 가지고 일할 수 있겠는가? 직원들이 회사에 대한 심리적 주인 의식을 갖게 하려면, 사장 먼저 소유 의식을 처분하고 직원을 동등한 파트너로 대우해야 한다. 회사에 뿌리를 내리지 못한 씨앗이 어떻게 성장하고 열매를 맺을 수 있을까? 직원들에게 그 마음자리를 내주어야 한다. 그러면 비로소 사장 본인도 자유를 얻게 된다.

수행의 관점에서 본다면 자기 동일시는 곧 모든 번뇌의 근원인데, 이것을 벗어나기가 참 힘들다. 자기 동일시-아상(我相)에서 벗어나는 것은 가장 높은 수행의 경지에서나 가능한 일이라고 한다. 하지만 결코 놓고 갈 수는 없는 문제다. 당장 우리가 조금이라도 더 진전된 삶을 살고자 한다면, 이 부분을 어떻게 해서든 더 나은 상황으로 만들어야 하기 때문이다.

문제는 벗어나려고 하면 할수록 더 나를 옭아매는 것이 이놈의 속성이라는 점이다. 그래서 트로이 목마처럼 그 안으로 들어가서 그것을 넘어서는 길을 찾아야만 한다. 무의식 속에 있는 '나'의 그림자를 의식하고 그 아래 침전되어 있는 내 삶의 찌꺼기들을 어루만지며 화해하는 작업은, 성숙으로 가는 길에 반드시 거쳐야만 하는 통과의 문이다. 이런 과정 속에서 우리는 '참 나(true self)'를 마주하게 된다.

성숙이란 과거의 나를 안고 보듬으며, 나를 넘어서는 것이다. 단순히 나를 부정함으로써 미성숙한 에고를 넘어서려고 하는 것은, 마치 어둠 속에 있으면서 어둠을 털어 내려고 하는 것과 같다. 좋은 시작은 이 모든 것을 인정하고 똑바로 마주하는 것이다. 그리고 그 뿌리가 어디에 있는지 호기심을 가지고 탐색하는 것이다.

핵심은 이 과정을 놓지 않는 것이다. 묵묵히 그 길을 걷는 가운데 에고와 나, 이 둘은 자연스럽게 분리되고 껍질을 벗은 내가 보이기 시작한다. 자기 내면에서 '참 나'를 확연히 보는 순간, 우리는 자연스럽게 더 높은 의식의 삶으로 나아가게 된다. 이것이 바로 지혜로운 삶이다.

에고를 꽉 잡고 있는 한, 우리는 고통의 세계에 묶여 있다. 성공한 CEO란, 지속적으로 자기를 초월해 가는 사람이다. 규모가 크든 작든, 자기 초월을 통한 작선(作善)의 삶을 사는 것이다. 흔들리지 않고 열려 있는 자신을 확인하고, 더 큰 나를 향한 삶을 지속시키는 것이 목표다. 상대 세계에서 절대 세계로의 질적 전환은 이렇게 해야만 가능하다. 사회적 성공에 집착하는 한, 우리는 결코 참다운 인생의 성공에 다가갈 수 없다. 집착은 탐욕의 그림자이기 때문이다. 집착을 놓아 버리는 순간, 우리의 의식과 경험 세계는 확연히 열린 상태가 된다. 그 순간, 경영자로서 일과 삶은 무한한 가능성과 가치를 가지게 된다.

여우 사냥 : ego의 유혹

여우 털은 색깔이 곱고 촉감과 보온의 질이 좋아 한때 귀중한 대접을 받았다. 하지만 여우는 의심이 많고 교활한 성격이라 결코 쉽게 잡히지 않았다. 사냥꾼들은 궁리 끝에 여우가 살구씨 기름을 좋아한다는 사실을 알았고, 이것을 덫으로 쓰기 시작했다.

신선한 살구씨 기름을 담은 항아리를 산 중턱 길목에 가져다 놓으면 그 냄새가 은은하게 퍼진다. 여우는 행복에 겨워 냄새를 좇아 항아리에 이르지만, 곧 옹기 안에 든 살구씨 기름을 의심하기 시작한다. 여우는 이내 아쉬움을 뒤로하고 발길을 돌리다가, 얼마 가지 못하고 냄새만 한 번 더 맡아볼 요량으로 다시 항아리로 돌아간다. 코를 들이대고 황홀한 냄새에 취한 여우는 이제 살구씨 기름에 혀끝을 대보는 용기를 낸다. 그래도 죽지 않는다는 것을 알자, 그 맛에 넋을 잃은 여우는 기름을 한 모금씩 들이켜기 시작한다. 부드러운 기름이 목젖을 타고 넘어가는 순간, 자신의 털가죽을 인간의 손에 바치게 된다.

유혹은 다양한 모습으로 항상 우리 곁에 도사린다. 또 유혹하는 것들은 언제나 달콤하다. 우리의 에고는 무의식중에 살구씨 기름에 코를 박고 킁킁거리는 여우와 같다. 혀를 대는 순간 그 덫에서 빠져나올 수 없다는 걸 알지만, 유혹을 뿌리치기가 쉽지 않다.

평소에 자주 맡을 수 없던 황홀한 살구씨 냄새가 퍼져 오면, 우리의 에고는 자동적으로 흥분한다. 그 순간, 지혜로운 자는 냄새를 좇고 있는 자신을 바라보고 인식할 수 있어야 한다. 한번 발길을 돌린 자신이 다시 기름 단지로 돌아가지 않도록 스스로 마음을 경책할 수 있어야 한다. 그러면 살 수 있다. 느낌이 있을 때 그것을 알아채는 것은, 그 느낌에 빠져 취하는 것을 예방하는 유일한 길목이기 때문이다. 하지만 좋은 느낌은 곧 애착하는 마음으로 바뀌고, 이것은 우리에게 불필요한 것을 손에 넣고자 하는 강력한 욕망으로 나타난다. 그러나 거의 자동화되어 있는 프로세스라 민감하게 깨어 있지 않으면 알아차리기가 어렵다는 것이 문제다.

경영자들은 훨씬 빈번하게 살구씨 기름의 유혹 앞에서 선택해야만 하는 상황과 맞닥뜨리게 된다. 많은 유혹의 덫은 그 밑바닥에 탐욕이라는 독을 품고 있다. 따라서 '탐욕에 끌려가는가?' 아니면 '그런 자신을 관찰할 수 있는가?'에 따라 운명은 갈리게 된다. 유혹은 대부분, 일명 대박을 기대하는 게으른 자들의 에고적 특성에 근거한다. 이것은 결과에만 천착하는 무명이고 어리석음이다.

내가 20여 년간 사업을 통해서 철저하게 지켜온 신념 중 하나는, 비즈니스에 대박은 없다는 것이다. 사업을 하는 사람이 들인 노력보다 과도한 아웃풋에만 집착한다면 그것은 욕망 덩어리이지 사업가가 아니다. 혹여나 어느 순간에 어떤 상황적 조건에 따라 대박이라는 것이 나타났다면, 그 순간이 가장 경계해야 할 시점이라는 것을 명심해야 한다. 그런 상황은 곧 많은 경쟁자들을 끌어들일 것이고, 기존의 생존 근간까지 흔들어 버릴 것이기 때문이다.

다행히도 인간에게는 그 경계에서 우리를 살려 주는 메커니즘이 작동하고 있다. 바로 내 밖에서 쿵쿵거리고 있는 나를 객관화하여 지켜보는 '초인지(超認知)'다. 심리학에서는 이것을 '메타 인지(meta congnition)'라고 부르며, '인지의 인지'로 정의한다.

메타 인지는 인류가 여타 동물들과 분별되는 독특한 특성이다. 우리는 이 능력 덕분에 고도의 의식과 문명사회를 이룩할 수 있었던 것이다. 인지를 감찰하는 인지는, 우리로 하여금 충동적인 생각과 감정에 휩쓸려 가지 않고 그 생각과 감정을 살펴볼 수 있게 해준다. 한 개인이 자신을 객관화할 수 있다는 것은 실로 엄청난 능력이고, 자기 내면에서 역동하는 마음도 관찰할 수 있다는 것을 의미한다. 따라서 이 메타 인지를 어떻게 개발하느냐 하는 것이 성숙한 삶을 살아가는 바로미터가 될 수 있다.

● 메타 인지 향상법

메타 인지는 인간 누구에게나 있는 보편적 특성이지만, 이것을 어떻게 개발하느냐 하는 것은 온전히 개인의 경험과 통찰 학습에 의존한다.

미국에서 심리학의 길을 처음 연 윌리엄 제임스(William James)는 "방황하는 주의를 몇 번이고 거듭 돌려 오는 능력이야말로 인간의 판단과 인격, 의지의 뿌리"라고 이야기했다. 동서양을 가로질러 개발되어 온 숱한 인격 도야의 방법론들은 모두 이것에 귀결된다고 해도 과언이 아니다. 그중 명상을 통해서 자신을 민감하게 유지하고 관찰하는 것은, 그 자체가 메타 인지의 작용 과정이자 가장 효과적인 향상 방법이라고 할 수 있다.

쉽게 유혹에 빠지지 않기 위해서는 일상을 건강하게 유지하는 자신만의 리추얼이 필요하다. 이것은 일상에서 많은 번잡한 생각과 판단, 행동을 간결하게 처리하는 데 큰 도움이 되고, 자신을 일관되게 유지하는 힘이 되기도 한다. 왜냐하면 우리 뇌는 평소에 늘 하던 대로 그냥 똑같이 하는 것을 제일 좋아하기 때문이다. 이런 자동적 처리 방식은 에너지 낭비를 최소화하며, 진화의 과정을 통해서 최적화되었다. 1.5킬로그램의 조그만 뇌가 잠시도 쉬지 않고 전체 에너지의 25퍼센트 정도를 소비하고 있다는 점을 감안할 때, 자동화는 전체 시스템을 효과적으로 유지하는 데 절대적으로 필요한 부분이다.

프랑스 보르도에 있는 플럼 빌리지(Plum Village)는 틱낫한 스님이 40년 전 개척한 마음챙김 명상 공동체다. 스님은 종교가 일상에서 살아 숨 쉬지 않는다면 더 이상 의미가 없다고 생각했고, '생활 종교'를 주창하면서 이곳에 공동체를 수립했다.

현재 플럼 빌리지는 여러 개의 집단 공동체로 이루어져 있으며, 성수기에는 전 세계에서 수천 명씩 모여드는 정신 수련의 메카가 되었다. 그렇다면 이곳에 왜 이렇게 많은 사람들이 모여드는 것일까? 내가 경험한 플럼 빌리지에는 부처님의 설법이나 의례 같은 심오한 프로그램은 없었다. 단지 몇 가지 일상의 리추얼, 약속된 것을 통해서 수행자 스스로만큼 느낄 수 있도록 했다. 이곳의 몇 가지 약속들을 소개한다.

✦ 종소리
무엇을 하고 있든 종소리가 들리면 멈추고 잠시 명상을 한다.
그 순간, 온전히 들숨과 날숨을 알아채고 집중한다.

✦ 걷기 명상

매일 약속한 시간에 모여 낮은 산언덕을 오른다. 슬로우 워킹(slow walking)은 매 발자국마다 '지금 여기 있음'을 온몸의 감각을 통해서 느끼는 것이다.

✦ 침묵의 시간

매 식사는 처음 20분간 침묵하며, 자리를 뜨지 않는다. 침묵의 시간이 끝나면 친구들과 즐겁게 대화하고 웃으며 식사를 즐긴다.

이외에 그 어떤 것도 강요는 없다. 서로를 배려하는 마음으로 약속을 지키려고 노력한다.

우리는 일상에서 이런 리추얼을 쉽게 응용해 볼 수 있다. 시계 알람이나 휴대전화 벨소리로 종소리를 대신할 수 있고, 일하다 잠깐 휴식하는 동안 회사 복도에서 슬로우 워킹을 할 수도 있다. 간식을 먹거나 식사할 때, 하루에 한 번만이라도 잠깐 동안 자신의 감각에 온몸과 마음을 맡겨 보자. 이러한 노력은 일상에서 도사리고 있는 온갖 유혹과 번뇌를 알아차리고, 마음챙김을 하는 데 강력한 도구가 된다.

이런 리추얼을 의도적으로 수행하는 동안, 우리는 '에고의 유혹'을 넘어 온전히 자신의 주인이 될 수 있다. 이렇게 축적된 일상은 때로는 고요 속으로 들어가고, 때로는 타자(他者)를 보듯 자신을 객관화할 수 있으며, 때로는 번개처럼 강력하고 빠른 판단과 행동을 할 수도 있다. 그러면 이 모든 것이 자연스러워진다.

형성의 과정 : becoming

내 나이 오십이 되던 해, 나는 다시 나를 조용히 바라보는 시간을 가졌다. 그 침잠의 시간 끝에 건져낸 메타포는 동네 시장 골목 모퉁이에 있는 횟집 수족관이었다. 그 속에는 곧 횟감으로 손질되어 접시에 오르기만을 기다리는, 반쯤 뒤집어져 있는 채로 숨만 헐떡이고 있는 물고기들이 있었다. …그건 바로 나였다. 지난 20여 년간 회사와 동질화되어 내가 회사인지, 회사가 나인지 정체성이 모호한 채 생명력 없는 화석이 되어 가고 있는 내 모습을 발견했다. 나는 참을 수 없었다. 단 하루를 살아도 생명력 넘치는 날 것으로 살아야 했기에 나는 회사를 박차고 나왔다.

자연과 우주는 언제나 열려 있다. 생명 그 자체는 이런 오픈 시스템의 속성을 온전히 담고 있는 역동적 창조의 과정이다. 노벨 화학상 수상자인 일리야 프리고진(Ilya Prigogine)은 안정된 구조가 불완전한 구조로 나아감으로써 오히려 엔트로피를 감소시킬 수 있다는 것을 밝혔다. 이를 소산 구조와 자기 조직화라고 하는데, 이런 과정을 거치면서 자연계의 많은 생명들은 지속성을 확보하고 더 나아가 새로운 구조와 형태를 만들어 낸다는 것이다.

살아 있다고 하는 것(being)은 그 자체로 불완전성을 통해서 무엇인가로 형성(becoming)하고자 하는 속성을 내포하고 있다고 볼 수 있다. 이런 관점에서 자연과 생명들은 그 자체로 혼돈에 개방적이며, 혼돈을 받아들임으로써 나아가는 비결정론적이고 살아 움직이는 생명 충동의 힘을 내면에 가지고 있는 것이다.

어렸을 때 부모님이 밭에 배추, 고추, 깨 등을 심고 나서 다음 해에는 그 자리에 다른 작물을 심는 것을 보았다. 이렇게 함으로써 땅의 힘을 기르고, 병해충 발생과 잡초의 생육을 억제하면서 더 많이 수확할 수 있었다. 우리 선조들은 농경을 하면서 자연스럽게 돌려짓기의 지혜를 깨친 것이다.

생명들은 빠르게 환경에 익숙해지기 때문에 같은 것을 연작하는 것보다 새로운 환경에 이질적인 결합을 할 때 생존을 위한 투쟁이 한층 강화된다. 생산성은 이때 빛을 발한다.

사람도 마찬가지다. 무엇인가에 익숙해진다는 것은 안정의 추구와 성장의 정체라는 양가성을 동시에 갖게 되는 것이다.

우리는 항상 무엇이 되고 싶다

인본주의 심리학자 에이브러햄 매슬로(Abraham Maslow)는 형성(becoming)이라는 개념으로 "인간은 항상 무엇인가 다른 존재가 되려는 과정에 있으며, 이것이 곧 인간의 발전과 변화 가능성을 내포하고 있다"고 주장했다. 만약 사람이 무엇인가로의 변화를 추구하지 않는다면 성장의 메커니즘은 작동하지 않을 것이며, 스스로 인간 실존의 완전한 가능성을 부정하는 것과도 같다. 매슬로는 이러한 형성 과정의 절정에 바로 '자기실현(self-actualization)'이라는 최고의 가치를 두었다.

안정과 성장이라는 대립성은 하나가 죽고, 하나가 사는 불가분의 관계가 아니다. 서로 공존하면서 긴장을 유지하고 에너지를 만들어 내는 시스템이다. 따라서 양립 불가능한 것처럼 보이는 많은 문제들이 사실은 자연스러운 현상이며, 조직의 변화와 혁신을 창출하는 강력한 메커니즘을 제공할 수 있는 것이다. 따라서 이들이 뒤섞여 역동적 균형을 유지하도록 유도하고 안내하며 지켜보는 능력이 리더에게 반드시 필요하다.

장자의 「제물론(齊物論)」편에 '오상아(吾喪我)'라는 말이 나온다. 이 뜻을 풀이하면, "나를 잃어버렸다", "나는 나를 장사 치렀다"고 볼 수 있다. 이 말은, "우리는 매일같이 스스로를 장사 지낼 때 비로소 새롭게 태어날 수 있다"는 뜻과 같다.

　나를 이질적으로 바라볼 수 있을 때 우리는 새로운 세계로 나아갈 수 있다. 그런 눈으로는 같은 일상 속에서도 늘 새로움을 맛볼 수 있다. 그러기 위해서는 우리 자신을 민감하게 유지하고 열려 있어야 한다.

　명상을 통해 민감도를 올린다는 것은 조그만 변화도 섬세하게 다가오며 직관적으로 알아챌 수 있는 것이다. 하늘의 무지개를 보고 뛰는 가슴을 노래했던 낭만파 시인 윌리엄 워즈워스처럼, 일상에서 늘 새로움을 발견하고 삶의 다양성을 경험하는 것. 이것이 곧 최고의 삶으로 나아가는 길이며, 순간을 영원처럼 살아 있게 하는 힘이라는 것을 명심하자.

Think week : 대장간

　우리에게 잘 알려진 『1만 시간의 재발견』에서 인지 과학자 안데르스 에릭슨(Anders Ericsson)이 말하고자 한 핵심은 "총연습 시간이 얼마인지보다 시간을 얼마나 잘 썼는지가 더 중요하다"는 것이었다. 이것은 프로 운동선수의 세계와 외과 의사의 영역까지 많은 예에서 세계 최고의 비범함을 가르는 잣대라고 했다. 그는 이것을 의도적이고 신중한 계획이라는 뜻의 '딜리버릿 프랙티스

(Deliberate Practice)'라고 정의했다. 아무리 실력이 좋아도 조금 더 나아질 수 있는 기회는 늘 존재하며, 최고는 늘 그것을 지향한다는 것이다. 나도 오랫동안 이런 의도적이고 신중한 계획을 실행해 왔는데, 바로 사유의 시간-'Think Week'을 가지는 것이었다.

지난 20년 가까이 일 년에 두 차례인 1월과 8월에 일상에서 나를 격리시키고 정신적으로 고립된 시간을 가져왔다. 깊은 산속에 머물거나 해외 오지 여행에서 나 스스로에게 깊은 질문을 던지고 명상을 하며 해답을 찾아가는 리추얼인 것이다. 이때의 나는 마치 한 철 농사를 끝낸 농부가 농기구들을 손질하러 대장간에 들어가는 마음으로 사유의 시간에 들어간다.

한번은 보름의 일정으로 오랫동안 마음속에 간직해 두었던 히말라야 안나푸르나를 향해 네팔로 떠났다. 카트만두와 포카라를 거쳐 1,430미터 높이의 힐레에서 트레킹을 시작하였다. 처음에는 산악 가이드가 걸음마 하듯 아주 느리게 산행 속도를 제한해서 답답했다. 하지만 왜 이렇게 천천히 걸어야만 하는지 깨닫는 데는 많은 시간이 걸리지 않았다.

며칠 지나지 않아 3,000미터를 넘어서면서부터 몸은 고도에 적응하지 못하고 고산병이 시작되었다. 안나푸르나 베이스캠프(ABC 4,130미터)에 도달해서는 머리를 바늘로 찌르는 듯한 두통과 구토 증세로 헛구역질을 하며 내 생에 가장 긴 밤을 보내야만 했다.

태곳적 만년설을 그대로 머금고 있는 히말라야산맥은 전 세계 8,000미터 이상 높이의 산 14좌 중 12좌를 품고 있어, 가히 지구의 지붕이라 일컬어질 만했다. 혹자는 만년 설산을 마주하는 것만으로도 과거의 업장이 씻겨 내려간다고 했던가! 이 여행을 시작하면서 나는 '행복은 과연 어디에 있는가?'라는 화두를 들었다. 네팔은 부탄과 함께 행복 지수가 높기로 유명한 나라였기 때문이다.

네팔의 고산 지대에는 수많은 구릉족들이 산다. 산허리를 감아 돌 때마다 하늘을 닮은 파란색 페인트로 입혀진 마을과 그들의 삶이 있었다. 나는 산행을 하는 내내 행복의 나라 네팔에서 '행복은 어디에 있는가?'라는 화두를 놓지 않았다. 하지만 방문했던 그 어느 마을 구석에서도 온전한 행복의 성소는 찾을 수 없었다. 행복을 한마디로 정의하기는 쉽지 않지만 심리학에서 '주관적 안녕감'으로 정의하는 걸 보면, 행복은 다분히 개인적이고 주관적인 느낌이다.

그런데 왜 우리는 매일같이 행복을 외쳐대며 목말라하는 것일까? 굳이 행복을 찾아서 주머니 속에 넣어야만 하는 것인가?

문제는 바로 주관적 느낌이란 '마음'의 함정에 있었다. 마음은 바람에 흐트러지는 구름처럼 변화무쌍하기에 그 마음의 주체인 '나'마저도 그 형태를 가늠할 수가 없기 때문이다.

진정한 행복을 깨닫다

산행 중에 깃드는 좋은 햇살과 시원한 바람을 느끼는 것만으로도 신의 은총을 느낄 수 있지만, 짙은 안개와 진눈깨비 속을 걷다 보면 어느새 어두운 생각들이 꼬리에 꼬리를 물고 들어온다.

이렇게 날씨 하나에도 시시각각 변하는 마음에 붙어 있는 행복이라면 무슨 의미가 있을까? 헤르만 헤세가 이야기하는 인간의 종국적이며 유일한 목적으로서의 '행복'은 무엇이란 말인가?

'Think Week' 마지막 날 네팔의 보드나트 사원에 들어서는 순간, 나는 이 질문에 대한 해답의 고삐를 쥐었다. 그것은 한눈에 들어온 붓다의 매서운 '깨달음의 눈(the eyes of wisdom)'에 있었다. 진정한 행복은 변화무쌍한 마음이나, 그때그때 느끼는 주관적 느낌이 아니라 깨달음을 통한 '내면의 깊은 고요' 속에 있는 것이었다.

행복은 태고의 설산 아래 감추어져 있는 무엇이 아니며, 누구에게 우연히 주어지는 한 줌의 행운 같은 것은 더더욱 아니다. 히말라야 산기슭 촌부들의 순박한 모습이 우리가 찾는 그런 행복을 대변하지도 않는다. 오히려 히말라야 순례길에서 만난 먼 길을 떠나온 이방인들의 진지한 눈빛에서, '나는 누구인가?'를 찾아 나선 이들의 긴 여정의 끝에서 행복은 스스로의 열매를 맺는 것이었다.

또 한 번은 가장 미스터리한 세상, 신들의 천국 인도로 향했다.

인도는 13억 인구만큼이나 많은 신들이 있는 나라이며, 붓다와 간디의 나라이자 오늘날 실리콘 밸리를 주름잡는 IT 천재들의 나라이기도 하다. 이렇듯 신비로운 나라 인도는 오랫동안 내 마음속에 버킷리스트로 자리 잡고 있었다.

이렇게 시작한 나의 인도행 'Think Week'는 델리의 첫날부터 충격으로 다가왔다. 자한 왕의 최후 걸작품으로 알려진 이슬람 사원 자마 마스지드에 도착했을 때, 2500년 전 붓다의 깨달음이 아직도 이 공간에 이르지 못한 안타까움이 들었다.

사원 입구에서부터 얽혀 있는 사람들과 각종 운송 수단과 울려대는 경적들은 인간의 이기심과 오만 감정들을 굶주린 짐승의 이빨처럼 드러내고 있었고, 광장 한편에는 삶의 의지를 등진 채 햇살에 의지하여 숨만 헐떡이며 누운 자들이 즐비하였다.

사원으로 가는 길에 유독 눈에 띈 것은 탄력 있어 보이는 개들이었다. 그들은 비만하지 않았고 순해 보였으며, 번뇌 없이 인간과 함께 어우러져 살아가는 방법을 터득한 것처럼 보였다.

인도는 IT 산업의 영향으로 큰 성장을 하고 있다. 하지만 여전히 사회를 지배하는 것은 카스트 제도와 힌두교의 핵심인 카르마 차크라, 즉 윤회였다. 인도의 역사와 함께해 온 카스트 제도는 우리가 이해하기에 상당히 복잡한 메커니즘을 가지고 있다. 하지만 인도의 사회 전반을 구석구석 움직이는 생산 시스템이자 유지 시스템임이 분명하고, 어느 누구도 평생 이 거대한 시스템의 굴레를 벗어날 수 없는 듯 보였다. 특히, 여성의 인권은 우리의 가슴을 아프게 한다. 대부분의 사람들이 같은 카스트 내에서 중매결혼을 하고 있으며, 낮은 계급 출신의 여성들에게는 상상할 수 없는 인권 유린이 자행되고 있다. 지참금 문제는 차치하더라도, 남편이 죽으면 아내를 같이 화장하는 힌두식 순장 제도인 '사티'가 수십 년 전까지도 행해졌다는 게 믿기지 않을 뿐이다.

가장 충격적인 곳은 인도인들의 성지인 바라나시 갠지스강 화장터였다. 인도인들은 평생 한 번이라도 갠지스강에 와서 몸을 담그는 것이 소원이다. 이로써 자신이 생에서 쌓은 죄를 씻을 수 있다고 믿는다.

이른 아침부터 갠지스강 주위로 소와 사람들이 몰려들어 목욕이나 빨래를 하고, 한쪽에서는 장작더미 위에 시신을 놓고 태우는 화장이 이루어진다. 그리고 그 재는 그대로 강으로 쓸려 들어간다. 저녁에는 수많은 인파들이 모여 독특한 기도 의식을 가진다. 이 모든 행위들은 성스러운 의식이며, 갠지스강은 이를 그저 말없이 포용하고 흘려보낸다. 바라나시 갠지스강은 생과 사가 혼재되어 있는 공간으로, 무수한 세월 동안 시간을 초월하여 언제나 그 자리를 흐르고 있을 뿐이다.

마하트마 간디는 "물질적인 욕구를 충족하려면 내 세계는 조그만 마을이면 충분하다. 하지만 정신적 욕구를 충족하기 위해서는 온 세계가 곧 나의 마을이다"라고 했다. 우리가 어떤 삶을 추구하는가는 곧 그 사람의 세계라고 할 수 있다. 물질로 충족될 수 없는 세계는 자기 안에 존재한다. 내면으로 파고 들어갈 때만 그 세계를 확인할 수 있고, 그 순간 우리의 세계는 곧 우주만큼 넓어진다. 그러기 위해서 우리는 스스로 고립되어 사유하고 명상하는 시간이 필요하다. 자기만의 의도적이고 신중한 계획의 시간을 갖는 것은 집중 수련과 같은 것이며, 일상을 떠나 의식을 가파르게 상승시키는 기회가 된다. 이는 마치 훌륭한 농부가 한 철 농사를 마치고 호미와 괭이와 쟁기를 잘 닦고 챙기는 것과 같다.

컬트 조직 : 성장 공동체

우리가 '그'는 어떤 사람인가를 궁금해할 때, 그 사람을 설명하는 여러 가지 형용사들이 따라붙는다. 그 사람의 배경과 부의 수준, 다니는 회사, 직위 등이 그러할 것이다.

하지만 그 누구도 인격이 좋지 않으면 돌아볼 것도 없이 손절한다. 그만큼 인격은 한 사람의 매력도이며, 그의 삶의 질과 여정을 단적으로 평가할 수 있는 척도가 된다. 다른 어떤 요소들도 이것 앞에서는 무릎을 꿇는다. 인격은 부모로부터 물려받을 수도 없고, 돈 주고 살 수도 없다. 한 사람의 생애 여정에서 수많은 사건의 질곡과 감정의 소용돌이를 통해서 형성된 본연의 모습이기 때문이다. 이런 것은 포장될 수 없다. 그 사람의 일상에서 면면히 말과 행동, 그리고 표정으로 드러날 뿐이다.

회사도 마찬가지다. '그 회사가 어떤 회사인가?' 궁금할 때, 회사를 규정하는 여러 요소들이 있겠지만, 단 하나로 그 회사를 규정한다면 바로 '조직 문화'라고 단언할 수 있다.

문화란 중력과 같은 것이어서 눈에 보이지는 않지만 일상에서 모든 것을 지배하고 있는 힘과 같다. 그 어떤 것도 이것에 위배될 수 없다. 우리가 로켓을 쏘는 데 엄청난 양의 에너지를 쏟아붓는 것도 이 중력을 거슬러 올라가야 하기 때문이다. 한 회사의 조직 문화는 일상에서 그들의 언어와 몸짓, 눈빛, 사고와 행동 방식을 규정하고 동시에 그들의 일상을 지배한다.

회사의 조직 문화는 개인으로 치자면 '인격'과 같다. 그렇다면 어떤 조직 문화를 지향해야 하는가? 사실 개인의 인격에 좋고 나쁨의 정답이 없듯이, 조직 문화도 좋은 조직 문화와 나쁜 조직 문화가 있을 리 없다. 단지 수준이 있을 뿐이다.

조직 문화는 각 구성원들의 인식과 행동의 합이지만, 위계적이라는 특징이 있다. 그런 점에서 창업자와 CEO, 경영일선에 있는 리더들의 의식이 아주 중요하며, 그들의 의식이 지향하는 바가 일터의 일상에서 말과 행동으로, 또 일의 과정 속에서 어떻게 투영되는지에 따라 조직 문화가 좌우된다. 인격을 외부에서 수혈할 수 없듯이, 조직 문화도 외부에서 수혈할 수 없다. 회사의 비전과 미션을 그럴듯하게 써 붙여 놓는다고 되는 것이 아니고, 담당 임원을 스카우트해서 되는 일도 아니다. 물론 이런 노력 자체가 불필요한 것은 아니지만, 최고 경영자의 의식이 확대되지 못하면 그런 노력들은 지속되지 못하고 곧 방황할 것이기 때문이다.

높은 수준의 문화는 그 회사의 존재 이유와 철학이 일상을 통해서 지속적으로 투영되는 것이다. 이런 조직은 자기만의 독특한 색깔을 가지며, 강하면서 부드럽다. 남들에게는 조금 색다르게 보일 수도 있지만, 내부 구성원들은 그것을 즐기며 확고한 신념으로 자신들이 창출하는 세계에 몰입한다. 한 장르에서 열광하는 독특한 문화 콘텐츠처럼 이런 조직은 컬트적 요소가 강하다. 따라서 사회적 평균에 기대지 않고 자신의 정체성을 성공적으로 만들며 최고의 일터를 형성해 간다. 오늘날처럼 불확실한 세상에서 이런 조직 문화적 특성은 위기에서도 성장하는 회사를 만들어 가는 원동력이 될 것이다.

오늘날 훌륭한 조직 문화를 가진 성공적인 조직들은 예외 없이 개인의 가치와 성장에 집중한다. 따라서 다양성(diversity)에 대한 이해와 존중은 이런 문화를 형성하는 가장 기본적인 바탕이 되어야 한다.

이제 더 이상 개인은 생계를 목적으로 회사에 종속되지 않는다. 그들의 개인성과 가치를 존중하고, 그들의 삶이 향상될 수 있는 토양이 전제되어야 한다. 이것은 오늘날 일터의 기본 사상이나 다름없다. 아무리 좋은 성장 프로그램을 가져다 놓는다 하더라도, 토양이 좋지 않으면 성공할 리가 없다.

조직이 다양한 유형의 사람들로 구성되어 있다는 것은 그만큼 창의적이며 역동적일 수 있다는 이야기와 같다. 인간은 본능적으로 자기와 닮은 사람에 호감을 갖게 되어 있다. 심리학에서 서로 같은 유형의 사람들을 선호하는 인간의 본성을 호모필리(homophily)라고 하는데, 생각과 행동, 하물며 외모라도 조금 닮으면 저절로 호감이 간다. 익숙한 것이 편하기 때문이다. 그래서 지연이나 학연이 그렇게 우리의 굴레를 감싸고도는 것이다.

하지만 강해지기 위해서는 서로 다른 것들과의 얽힘이 반드시 필요하다. 현존하는 모든 종들이 더 강해지고 오래 생존하는 데 '얽힘'은 강력한 기제로 작동하였다. 이것이 조직의 관점에서 함의하는 바가 크다. 서로 다름에서 나오는 역동성과 다채로움을 더 큰 하나로 조화롭게 통일시켜 나가는 것은 리더의 몫이다. 따라서 리더의 의식이 절대 고양되어야 하는 이유가 여기에 있다.

다양성을 기반으로 스스로 살아서 움직이는 조직을 만드는 데 중요한 메커니즘은 '학습 조직'을 구축하는 것이다. 돈에 의해서 자극되는 동기는 생각보다 강하지 않다. 동기가 부여되는 시간이

극히 짧고, 자극이 사라지면 동기도 즉시 사라진다. 하지만 무엇인가를 향한 마음을 가지게 되면, 이것은 강력하고 지속적인 동기가 된다. 또, 스스로 내부에서 작동하기 때문에 외부의 자극이 지속적으로 필요하지도 않다. 바로 인간이 가진 초동기(meta-motive)인 성장 욕구를 자극하고, 그것이 일을 통하여 활활 타오르게 만들어 주는 것이다. 예를 들어, 내가 이끌고 있는 캐럿글로벌에서 지난 20년 동안 한 달도 빠짐없이 사내 독서 토론 '멘토링 데이'를 진행했던 것은 바로 이런 믿음이 있었기 때문에 가능했다.

다양성, 개성의 발현

캐럿글로벌의 조직 문화 특성 중 하나를 꼽으라면 나는 고민하지 않고 '다양성'을 이야기할 것이다. 우리는 특정한 모델을 정해 놓고 '캐러션(CARROTian, 캐럿글로벌에서는 직원 간 서로를 캐러션이라고 부름 -작가 주)'을 뽑는 것이 아니라, 각자의 에너지가 있는 사람들이 모여서 '캐럿'을 만든다고 생각하기 때문이다. 그리고 그 안에서 함께 호흡하고 성장해 가는 사람들을 바로 '캐러션'이라고 정의한다.

한마디로 캐러션들은 컬러풀하다. 자연은 이런 방식으로 변화하는 환경과 다양한 이벤트에서 적응하고 살아남는 강력한 기제를 스스로 만들어 왔다.

　우리가 '어떤 토양을 가지고 있는가?' 즉, '어떠한 조직 문화에서 일상을 살아가고 있는가?' 하는 것은 너무도 중요한 부분이다. 훌륭한 조직 문화란 일상에서 늘 열려 있고 부드러우며, 위기 속에서는 결집되고 돌파해 내는 힘을 갖는다. 평소에는 잘 모르지만 위기가 닥쳤을 때 중력처럼 그 힘을 발휘한다.

　돌이켜 보면, 지난 23년간 많은 어려움들이 있었다. 특히 리먼 브라더스 사태로 야기된 세계 금융시장 위기와 지난 3년간 코로나 바이러스로 촉발된 글로벌 시장의 셧다운은 충격이 컸다. 하지만 빠르게 그 위기를 극복하고 연평균 25퍼센트의 성장을 지속적으로 이루어 낸 힘은 바로 모든 캐러션들이 위기를 극복하고자 하나가 된 조직 문화에 있었다.

　조직 문화는 나무에 비유하면 '뿌리'와 같다. 건강한 나무는 스스로 태풍과 가뭄을 이겨 나갈 방법을 찾는다. 뿌리가 더 깊고 멀리 뻗쳐 나갈 수 있도록 광합성을 하고, 영양분들을 뿌리와 생장점의 끝에 집중적으로 보낸다. 또한 아래쪽 가지들은 불필요하게 영양분을 가져가지 못하도록 물관을 닫아 고사시켜 제거한다. 겨울에는 성장을 뒤로하고 모든 영양분을 뿌리에 축적함으로써 최적의 생존 조건들을 지속적으로 유지해 나간다. 지나가다 유난히 탐스러운 장미꽃을 보거든, 꽃에만 눈길을 주지 말고 그 뿌리의 생동감을 느끼고 칭찬해 주길 바란다.

기업이 지향하는 것

대부분 기업들은 학벌이나 배경이 좋은 사람을 찾는 데 많은 시간과 비용을 지불하면서 그들에게 의지하는 경향이 있다. 왜냐하면 그들이 메가 퍼텐셜을 가지고 있을 것이라는 암묵적인 사회적 믿음이 있기 때문이다. 하지만 현실에서 우리는 이미 이런 조직들의 실패한 사례들을 무수히 지켜보았다.

중요한 것은 스스로 살아 움직이는 역동성을 조직에 심어 내는 것이다. 우리가 무엇인가를 계속함으로써 그것이 쉬워지는 것은, 문제가 쉬워지는 것이 아니라 우리의 능력이 커진 것이다.

성장은 개인에게 있어서는 능력의 향상이며, 조직에게 있어서는 지속 가능성이고 축복이다. 성장 공동체를 지향하면서 성장하는 조직 문화를 만들어 가는 것은 구성원의 질적인 변화를 통해서만 가능하다. 이것이 조직과 사회의 지속적인 향상 가능성을 이루어 내는 메커니즘인 것이다.

사람과 기업 : 운명의 함수

운명은 타고나는 것인가? 아니면 개척하는 것인가?

대부분의 사람들은 이런 질문을 평생 하고 산다. 일부는 타고난 운명을 탓하며 신(神)에 의지하기도 하고, 일부는 불확실한 미래를 엿보고 싶은 간절함에 점집을 찾아 기웃거리기도 한다. 하지만 맹목적인 믿음은 진리를 추구하는 인간의 지성 아래서 언제나 흔들릴 수밖에 없다.

인류는 스스로 운명의 함수에 대한 보편적인 답을 찾기 위해 과학이라는 이름으로 끊임없이 도전해 왔다. 우리의 유전 정보를 저장하는 DNA의 발견과 인간 게놈 지도(genome map)의 완성은 최소한 생물학적으로 우리가 누구인지를 규명하는 데 방점을 찍을 수 있게 해주었다.

하지만 여전히 생물학적 구조를 넘어 역동적인 인간의 삶과 본성에 대해, 그리고 무엇이 나를 나답게 만드는 것인가에 대해서는 아직도 갈 길이 멀다. 한 부모 밑에서 태어난 형제의 생물학적인 닮은꼴은 DNA로 설명이 가능하지만, 왜 그들이 다른 행동을 하는지에 대해서는 의문투성이다. 생쥐와 인간의 DNA가 99퍼센트 일치하는 것만으로도 우리의 높은 콧대는 절로 숙연해진다.

최근 급속하게 발전하고 있는 뇌과학은 이러한 질문에 상당히 신뢰 있는 해답을 내놓기 시작했다. 우리의 뇌는 1,000억 개의 뉴런들이 모여 신경망을 형성한 하나의 커넥톰(connectome)이다. 커넥톰은 뇌 속에 있는 신경 세포들의 연결을 종합적으로 보여 주는 뇌 지도라고 보면 된다.

뇌는 세포 단위가 아닌 이런 연결망을 통해서 지능을 형성하고, 고차원적인 정신 활동을 가능케 하는 것이다. 임신이 되는 순간 결정되는 유전자 정보와 달리, 경험치들은 매 순간 뉴런들의 시냅싱을 통해 상호 작용하며 커넥톰에 영향을 준다. 뱀인 줄 알고 놀라 뒷걸음질 치던 내가 밧줄인 줄 알고 안도의 한숨을 내쉬는 것은 유전자의 영향이 아니라 경험 체계가 신경망에 형성되어 있기 때문에 가능한 것이다. 즉, 경험의 총체가 곧 부인할 수 없는 내가 되는 것이다.

인간은 근본적으로 선한가, 아니면 악한가?

이것 또한 고대 그리스부터 오늘날까지 많은 철학자들과 사회과학자들의 끊이지 않는 논쟁거리 중 하나다. 인간의 근본적인 성향을 이분법적으로 정의한다는 것이 조금은 극단적일 수는 있다. 하지만 그 자체로서 많은 의미를 함축하고, 세상을 이해하는 관점 형성에 근간이 되기 때문에 중요한 논쟁거리가 되는 것이다.

사회과학에서 오랫동안 인간에 대한 기본 관점을 제공했던 것은 심리학자 맥그리거(Douglas M. McGregor)의 X, Y 이론이라 할 수 있다. 'X'로 대변되는 인간의 속성은 천성적으로 게으르고 자기 행위에 대해서 책임지는 것을 싫어하며, 자발적으로 솔선수범하는 것보다는 남에게 끌려다니는 것을 좋아한다. 또한 인간은 자기중심적이며 철저히 이기적이라는 관점이다. 반면 'Y'로 대변되는 속성은, 인간은 노동 자체를 휴식이나 놀이처럼 자연스럽게 여기며, 인간의 행위는 경제적 욕구보다는 사회·심리적 욕구에 의해 좌우되거나 결정된다고 본다. 또한 인간은 적절한 조건만 갖추면 책임을 받아들일 뿐만 아니라 그것을 갈구한다. 아울러 발달 가능성이 무한하며 스스로의 창의력으로 문제를 해결하는 주체라는 관점이다.

　중소기업 사장들만큼 이 문제 때문에 속을 썩는 사람들도 없을 것 같다. 작은 회사의 사장으로 산다는 것은 아마도 새까맣게 타들어 가는 속을 안고 살아야 할 운명인지도 모른다.
　나도 사업 초창기에는 '내가 왜 이런 무모한 짓을 하고 있나' 하는 생각을 하루에도 몇 번씩 한 적이 있다. 모임에서나 개인적으로 벤처 중소기업 사장들을 만나면 자연스럽게 어려운 시장 환경이나 사업의 성과 등으로 이야기를 시작하지만, 그 끝은 언제나 사람 이야기로 마무리되는 경우가 많았다. 그만큼 사람에 대한 이슈는 기업의 크고 작음을 떠나 모든 경영자들이 가진 고민의 핵심에 있다. 하지만 성장 지향적 관점에서 사람을 바라보고 고민하는 경영자는 찾기가 힘들다.

직원들을 성장 지향적 관점에서 바라보고 교육해야 한다고 이야기하면, 십중팔구 마음은 있지만 직원들을 교육할 수 있는 시간이나 재정적 여유가 없다고 한다. 혹은 많은 돈과 시간을 들여 교육하고 공들여 키워 놨더니, 쓸 만하면 다른 회사로 도망가더라 하는 과거의 쓰라린 경험을 성토하기 일쑤다.

흔히들 이야기하는 조직 관리의 비결은 왼팔, 오른팔을 잘 두거나, 사장처럼 일하는 직원 몇 명만 만들면 문제없다는 식이다. 그래서 많은 사장은 이에 귀를 쫑긋 세우고 맞장구를 치며 노하우들을 공유해 나가기 시작한다. 나는 개인적으로 이런 이야기를 들으면 마음이 매우 불편해진다. 직원들은 지위고하를 막론하고 온전한 인격을 가진 인간인데, 자신의 왼팔이나 오른팔로 취급하는 것 자체가 못마땅하기 때문이다.

이렇게 생각하는 바탕에는 아마도 조직을 쉽게 장악하고 자신의 마음대로 운영하고자 하는 사장의 안일함과 게으름, 그리고 사람을 대하는 낮은 의식 수준이 저변에 깔려 있다고 본다. 사장처럼 일하는 사람 몇 명 만드는 것은 어디 쉬운 일인가? 한 이불 덮고 자는 마누라도, 업어 키운 자식도 자기 마음대로 안 되는데 어떻게 직원을 나와 같은 사람으로 만든다는 말인가? 또, 이런 접근이 매우 위험한 이유는 회사에 정치 구조를 만들어 내기 때문이다.

조직의 역할

직원들은 크게 사장의 눈에 든 사람과 난 사람으로 나뉜다. 이렇게 되면 '왜 일을 하는가'에 대한 본질이 무너지기 때문에 조직의 효과성도 미래도 있을 수 없다. 고객보다 사장에게 잘 보이기 위해 일하는 회사가 어떻게 시장에서 생존력을 유지할 수 있겠는가?

조직은 소수가 아닌 모든 구성원이 심리적 주체가 되고 사회적 가치를 실현하는 성장의 장(場)이 되어야 한다. 작은 회사건 큰 회사건 사장이 늘 인재가 부족하다고 말하는 것은 매한가지다. 사장들이 이런 불만을 늘어놓는 것은, 마치 직원들이 늘 자신의 일이 많다고 토로하는 것과 조금도 다를 바 없다. 따라서 사장은 대체할 인력이 부족하더라도 어떻게든 시간을 내어 직원들을 교육해야 하고, 설사 쓸 만하면 도망가는 사람이 있더라도 직원의 역량은 지속적으로 올려줘야 한다. 경영자들에게 이것은 더 이상 선택이 아닌 책무에 가깝다. 이러한 성장 시스템이 굳건히 자리 잡을 때, 직원들은 사장과 함께 미래에 대한 꿈을 비로소 가질 수가 있다.

경영자가 직원들을 어떻게 대하고 관계를 형성하는지가 그 회사의 수준이다. 따라서 경영에 임하는 자는 사람에 대한 명확한 철학이 전제되어야만 한다.

기업은 경영진과 조직 구성원 간의 상리공생(相利共生, 공생에 참여하는 참가자 모두 서로에게서 이익을 얻는 공생을 뜻함. -작가 주)의 관계가 기본이 될 때 지속 가능할 수 있다. 경영진은 직원들을 수단이 아닌 주체로서 인식함으로써 성장과 심리적 몰입을 유도할 수 있다. 동시에 구성원들은 일터를 생계 수단이 아닌 삶의 기반이자 자기실현의 장이 될 수 있도록 통합된 의식을 가져야 한다. 이것이 워라인(work life integration)이 지향하는 바다.

애착 행동 : 강력한 생존 특성

어느 날 한 영특한 젊은 심리학자가 우리 안에서 뒤엉켜 놀고 있는 아기 원숭이들을 보고 기발한 생각을 하게 된다.

그는 철사로 감은 어미 모형과 헝겊으로 감은 어미 모형을 만들어 놓고 아기 원숭이들을 두 그룹으로 나눈 다음, 각각의 우리에 넣었다. 하지만 관찰을 시작한 지 불과 며칠이 지나지 않아 철사로 만든 어미와 함께 있던 원숭이들이 설사를 하거나 소리를 지르는 등 불안 증세와 이상 행동을 보이기 시작하였다. 그래서 이번에는 두 우리 사이에 막을 없애 보았다. 그러자 아기 원숭이들은 우유를 먹는 시간을 제외하고는 모두 헝겊으로 된 어미 원숭이에게 달라붙어 떨어질 줄 몰랐다.

해리 할로우(Harry F. Harlow)는 철사 어미 실험을 통하여 우유

보다 더 중요한 것이 어미의 따듯함이라는 것을 보여 주었으며, 이 실험은 '애착 행동(attachment behavior)'이라는 심리학사에 길이 남는 사건이 되었다.

애착 행동은 인간에게도 내재된 강력한 생존 특성이다. 어린아이가 엄마에게 강한 애착을 보이는 것처럼, 성인들에게도 사회적 생존을 위해서 이런 애착 행동은 강하게 작용하고 있다. 예를 들어 타인과 친밀함을 생성하고 유지하기 위해 많은 시간과 노력을 들이는 이유도 서로에게 헝겊처럼 따듯함을 갈망하고 있기 때문이다.

발달 심리학자 에릭 에릭슨(Erik Erikson)은 이러한 친밀 관계를 성공적으로 형성하는 결정적 요인은 타인을 이해하고 깊은 공감을 나눌 수 있는 수용력에 있다고 보았다.

사실 조직 내부에서 생기는 관계 갈등 대부분은 상대에 대한 이해와 배려의 부족에서 생긴다. 타인에 대한 배려가 부족한 사람은 차가운 철사를 감고 있는 철사 어미처럼 동료들이 주위에 머물지 못하며 심리적 거리는 점점 소원해지기 마련이다. 헝겊을 두른 듯 스스로 따스한 온기를 제공할 수 있어야 주위에 사람이 모이고 자신의 생존력도 증진된다.

과거 산업 사회에서 회사는 어쩌면 직원들에게 우유를 제공하는 것을 우선으로 하는 '철사 어미'의 역할을 했다고 볼 수 있다. 하지만 오늘날의 조직은 따듯한 '헝겊 어미'처럼 구성원의 동기를 자극하고 성장을 도모함과 동시에 보살핌을 제공하는 안전 기지(the secure base) 역할을 수행해야 한다. 이러한 안전감과 위로는 조직 구성원들이 관계와 활동에서 더욱 자신감 있게 나아갈 수 있는 원동력이 된다. 왜냐하면 안정적으로 애착이 형성된 사람들은 일에서 발생하는 마찰과 스트레스 속에서도 안정된 감정을 유지할 수 있고, 궁극적으로 높은 수준의 삶에 대한 만족감과 심리적 웰빙을 경험할 수 있기 때문이다.

반면 조직이 안전 기지의 역할을 제공하지 못하면 구성원들은 불안정한 정서를 갖게 되며, 스트레스 상황에서 강한 압박을 느끼거나 생산성과 창의성이 저하되는 결과를 초래하게 된다.

따뜻한 기업은 사람 중심의 조직 문화를 가진 기업이다. 조직은 구성원들에게 우유만 공급하는 차가운 철사 어미가 아닌, 비비고 문대고 떨어지지 않으려고 하는 따스함이 배어 있는 안전 기지의 역할을 충분히 제공해야 한다. 그 속에서 조직의 리더십이 구성원들의 삶의 질과 의식을 고취할 수 있다면, 오늘날 우리가 직면한 여러 문제들은 자연스럽게 사라질 것이다. 하나의 작은 꽃을 피우는 데도 오랜 세월의 노력이 있었다는 것을 잊어서는 안 된다.

chapter 5

경영과 삶의
경계를 넘어

내면의
밀도를 높여라

배추꽃 : 쭉정이

어느 봄날, 어머니를 따라 산속 배추밭에 간 기억이 있다. 어머니는 꽃이 핀 배추나 무를 뽑아 쭉정이라며 밭 한쪽으로 무심히 던지셨다. 어린 나는 꽃이 예쁜데 왜 뽑아서 버리시는지 무척 속상한 마음이 들었다.

무와 배추에 꽃대가 올라오고 꽃이 피는 것을 '추대 현상'이라고 한다. 일단 추대가 올라오면 양분을 다 빨아 위로 올리기 때문에 알맹이는 작고 볼품이 없으며 맛도 없다.

가을 김장용 무와 배추도 심는 시기를 잘 맞추지 못하거나 날씨가 변덕스러우면 꽃대가 올라온다. 잘 여문 배추 한 포기는 두

팔로 안지도 못할 만큼 크고 튼실하며, 무는 팔뚝만 해야 한다. 하지만 마음이 급하여 날이 좀 따뜻할 때 심을 경우, 배추나 무가 여물지 않고 꽃을 피우게 된다. 이러면 농사 다 한 것이다. 꽃을 피우고 씨앗을 맺는 것이 자연의 섭리이기는 하지만, 쭉정이는 상품 가치도 없고 먹을 것도 없다.

농사를 지을 때 가장 중요한 원칙 중 하나는 '때', 즉 절기를 잘 맞춰야 한다는 것이다. 파종을 해야 할 때가 있고, 가꿔야 할 때가 있으며, 거두어야 할 때가 있다. 봄, 여름, 가을 절기에 맞춰 식물의 특성과 목적에 맞게 땅에 씨앗을 심으면, 나머지는 시간과 자연이 이끌고 간다. 너무 이르면 되바라지고 쭉정이가 되어 버린다. 반면, 너무 늦으면 충분한 시간을 가지고 안착을 못하기 때문에 알이 여물지를 못한다.

시간을 내 편으로 만드는 힘

경영을 하면서 부딪치는 많은 도전이 바로 '시간'에 대한 이슈다. 해야만 할 때 하지 못하거나, 돌봐야 할 때를 간과하거나, 거두어야 할 때를 충분히 기다리지 못하고 섣부르게 판단해서 접어 버리는 경우들이다. 그러면 '쭉정이 경영'이 되고 만다. 씨앗의 종류에 따라 필요한 절기와 생육 조건이 다르듯이, 많은 경영 안건들은 저마다의 때와 시간을 필요로 한다. 다층적인 관점에서 이 특성을 잘 관찰하고 판단해야 하는 이유다.

내 지난 경험들을 돌이켜 보면, 오랜 시간 공들이고 기다리며 지속적인 지원을 했을 때 성공적인 결과를 얻는 경우들이 많았다. 그중에는 몇 년을 인내해서 좋은 결과를 만들어 내고 회사의 성장에 결정적인 역할을 해준 프로젝트들도 있다.

사실 중소기업에서 장시간 기다리며 프로젝트를 지원하기란 쉽지 않은데, 그 힘은 과연 어디에서 나오는 것일까? 바로 방향성에 대한 통찰과 확신이다. 그러면 시간은 우리 편이 된다.

하지만 모든 장기 프로젝트들이 성공하는 것은 아니다. 큰 자금이 들어간 프로젝트라도 어느 순간 잘못된 방향이라는 판단이 선다면, 뒤도 보지 말고 멈추고 잊어버려야 한다. 여기서 많은 경영자들이 쉽게 빠져나오지 못하는 이유는 바로 함몰 비용 때문이다. 지금까지 들어간 시간과 돈이 얼마인데, 하는 아쉬움이다. 하지만 여기에 빠지면 걷잡을 수 없는 모래톱으로 쏠려 들어가는 것과 같은 운명을 맞게 된다.

프로젝트를 멈춰도 그 책임을 누구에게 전가하거나, 손실 자체에 주의가 집중돼서는 안 된다. 물론 배워야 할 것은 확실히 피드백해야 하지만, 그 어떤 책임도 전가의 대상이 되어서는 안 된다. 그러면 조직이 상처를 입고 딱딱해지는 중병을 앓게 된다. 어떤 도전이라도 받아들여지고 안전할 수 있다는 인식이 우선해야 한다.

그렇게 함으로써 회사는 전체적으로 잃는 것보다 얻는 것이 훨씬 많아질 것이다. 실패에도 위축되지 않고 금방 다른 기회를 만들어 내는 조직은, 유연하며 지속 가능성을 스스로 확보한다.

기업가가 지켜야 할 태도

무와 배추를 심을 때 꽃을 감상하고자 심는 것이 아니듯, 사업을 한다는 것은 겉으로 보이는 화려함을 목적으로 하지 않는다. 그러기에 사업은 너무도 거칠고 험난한 길이며, 자신의 삶을 송두리째 걸어야 한다. 무엇보다 단기적인 대박을 꿈꾸거나 단기적인 안목으로 보여 주기식 경영에 임한다고 하는 것은 십중팔구 쭉정이가 되기 십상이다.

특히 요즘 젊은 스타트업 CEO들 중에는 단기간에 회사를 파는 엑시트(exit) 자체를 목표로 창업하거나, 계속해서 시리즈 투자를 받는 것을 목표로 경영의 본질보다는 화려한 포장에 집중하는 경우들이 꽤 있는 것 같다. 요즘 시대에 인기 있는 사업 모델인 것은 이해가 가지만, 한편으로는 등불로 달려드는 불나방처럼 비치는 것도 사실이다. 기업가는 자신의 영혼을 팔아 지상 최고의 즐거움을 좇는 파우스트의 후예가 되어서는 안 된다.

『법구경』에 꿀 빠는 인생을 비유하는 이야기가 나온다.

한 남자가 성난 코끼리에 쫓겨 도망치다 그만 벼랑에 떨어지고 만다. 다행히도 칡넝쿨을 움켜잡아 목숨은 부지했는데, 아래를 보니 바다 괴물들이 입을 벌리고 있는 것이다. 위를 올려다보니 설상가상으로 들쥐들이 칡넝쿨을 갉아먹고 있는 것이 아닌가. 그런 와중에 칡넝쿨이 흔들리면서 벼랑에 있는 벌집을 건드려 꿀이 한 방울씩 얼굴에 떨어진다. 곧 남자는 죽을 상황을 잊어버리고, 그 꿀맛에 취한다는 것이다.

만약 사업을 한다는 것이 벼랑 끝에서 칡넝쿨을 부여잡는 운명을 스스로 선택한 것이라면, 이런 자의 삶은 몇 방울의 꿀에 현혹될 수 없다.

나는 배추다. 나는 무다. 내 속에 어디서 꽃대가 올라오는지 순수한 마음으로 세밀하게 관찰해야 한다. 꽃대를 드리우고자 하는 일말의 마음이 움틀 때, 그 유혹이 올라올 때 잘 이겨낼 수 있도록 마음을 다스릴 수 있어야 한다. 불필요한 욕심과 허황된 마음, 상대방을 삿되게 하는 마음들이 꿈틀거릴 때 민감하게 알아차려야 한다. 명상은 이것을 자연스럽게 하는 데 도움을 준다.

명상을 통해서 우리는 되바라지지 않는 마음으로 일상을 평온하게 유지할 수 있게 된다. 쉽게 출렁이지 않고 인내하는 마음, 어떤 상황에서도 사실을 있는 그대로 보고 균형을 잡는 마음이 자리하게 된다.

배추가 자연 상태에 방치되면 생식을 위해 반드시 꽃을 피울 것이다. 이것이 쭉정이의 삶이다.

우리가 추구하는 것은 방치된 생물학적인 삶을 넘어서는 것이다. 우리는 쭉정이로 되바라지지 않을 때 성숙하고 성장하는 삶을 향해 나아갈 수 있다. 싸늘한 가을을 견뎌 내고 안으로 그 에너지를 응축시켜 나갈 때 배춧속이 꽉꽉 들어차듯이 우리의 삶도 풍성하게 여물어 갈 것이다. 이것이 올바른 삶의 방식이며 지혜다.

스트레스라는 유령

러시아의 대문호 막심 고리키(Maksim Gor'kii)는 "일이 즐거우면 인생은 천국이고, 일이 의무가 되면 인생은 지옥이다"라는 명제를 남겼다. 하지만 언제부터인가 우리 사회에서 일은 곧 스트레스라는 불명예가 씌었으며, 가장 우려되는 사회 병리적 현상으로 유령처럼 우리 주위를 배회하고 있는 것 같다.

건강 심리학자 켈리 맥고니걸(Kelly Mcgonigal)의 연구에 따르면, "연간 미국에서 스트레스로 인한 직접적인 질병 때문에 사망한 사람보다 스트레스가 건강에 아주 해롭다고 생각하는 심리적 요인에 의해서 사망에 이르는 사람이 40퍼센트 이상 많으며 그 숫자는 18만 2천 명에 이른다"고 한다.

지난 반세기의 놀랄 만한 기술과 문명의 발달은 우리를 일상의 노동에서 상당 부분 해방시키고 물질적 풍요와 시간적 여유를 가져다 준 것이 사실이다. 하지만 우리의 정신세계는 더 많은 긴장과 스트레스에 노출되어 있고, 시간이 지나면서 더 많은 사람들이 만성적으로 질병화 되어 가고 있다는 것이 아이러니가 아닐 수 없다.

무엇이, 어디서부터 잘못된 것일까? 우리는 어디서부터 다시 이 문제를 풀어야 하는가?

현대인의 삶에서 스트레스를 유발하는 요인들은 대부분 회사에서 일어나는 끔찍한 상사 혹은 동료 관계나 가족과의 문제처럼 심리적인 것이기 때문에 그 영향은 지속될 수밖에 없다. 문제는 이와 같은 심리적 스트레스 요인들이 물리적 스트레스 사건과 똑같이 생리적 반응을 유발한다는 것이다. 스트레스 반응이 오랫동안 지속되면 병으로 이어질 수 있다. 우리는 이런 스트레스와 평생 싸워서도 안 되고, 도망 다닐 수도 없다. 따라서 스트레스에 대한 올바른 견해가 반드시 견주되어야 한다.

스트레스는 그 자체로 좋은 것도 아니고 나쁜 것도 아니다. 상황에 따라서 우리를 나아가게 만드는 힘이기도 하고, 우리를 멈춰 세우는 기제로 작동하기도 한다. 하지만 문제는 노력과 성취의 과정을 고통이라고 생각하는 편견이 우리 사회에 만연해 있다는 사실이며, 이는 현실을 왜곡하고 무기력하게 만드는 데 일조하고 있다는 것이다. 이러한 심리적 기제는 일터에서 일어나는 다양한 경험들을 부정적으로 인식되게 할 수 있으며, 행복의 가능성을 심각하게 저하시킨다. 이처럼 우리의 일상이 스트레스라는 병리 현상에 함몰되어 있는 것은, 사회적 편견이 놓은 덫에 우리 자신의 삶이 걸려든 것은 아닌지 돌아볼 필요가 있다.

생물학적으로 스트레스는 '코르티솔'이라는 호르몬의 작용이다. 우리를 살아 움직이게 하는 기제가 스트레스이며, 활동을 지속하기 위해서 혈중의 포도당 수치가 떨어지지 않도록 하는 호르몬이 바로 코르티솔이다. 만약에 우리가 일을 하는 동안 코르티솔이 분비가 되지 않으면 일을 할 수 있는 원동력이 나오지 않으며, 무기력해지고 생동감을 잃게 될 것이다. 생동감을 잃은 모습은 배를 하늘로 향하고 뒤집어진 채로 물살에 떠밀려 내려오는 물고기와 같다.

살아 있는 것은 반드시 물살을 거슬러 헤엄쳐 올라간다. 스트레스는 생존을 유지하게 하는 필요조건이며, 유기체의 생명 충동과 생산성을 향상시키는 메커니즘을 제공한다.

리더의 역할

일은 한 개인이 성인으로서 자신의 사회 정체성을 만들고 성장해 가는 발판이자 사회 구성원으로서 생산적으로 사회에 기여하며 살아가는 방식이다. 일과 일터를 통해서 우리는 지속적으로 배우고 성장하며, 경험의 확대와 폭넓은 사고력을 갖게 되고, 다층적인 관계를 맺으며 인격 성숙을 이룰 수 있다. 따라서 일은 삶이라는 전체성을 형성하는 데 핵심적인 요인임이 분명하다. 정신 분석학의 창시자 지크문트 프로이트가 "한 인간이 결핍되지 않고 정상적인 삶을 살아가기 위해서 가장 중요한 두 가지 요소로 일과 사랑(관계)을 강조"한 이유도 여기에 있을 것이다.

한 개인이 스트레스와 삶의 질을 관리하는 데는 기업의 역할도 중요하다. 조직 심리학자 크리스 아지리스(Chris Argyris)는 조직의 성숙도가 개인의 삶에 미치는 영향에 대해서 강조하며, 조직 리더들의 수준을 끌어올려야 하는 이유에 대해서 이야기하고 있다.

그는 "사람이 조직에 속할 경우, 그 조직에서 활용되고 있는 관리 방식의 수준에 따라 한 개인의 성숙이 영향을 받는다"고 했다. 경직된 조직에 속해 있는 사람은 자기에게 주어진 환경에 대해 영향력 발휘를 최소화하려는 경향이 생기며, 그리하여 수동적, 의존적, 종속적인 행동을 하게 된다. 그 결과, 미성숙한 행동이 조직에

만연하게 되는 것이다.

성숙을 지향하는 개인의 욕구와 조직 간의 간격이 크면 클수록 구성원들은 더 많은 불만, 무관심, 갈등, 긴장 및 파괴의 감정을 느끼게 된다. 따라서 리더는 조직의 유효성을 증진하고 인간의 동기를 최적화하기 위해서 사람들을 미성숙 혹은 종속 상태로부터 성숙된 상태로 발전할 수 있도록 도와주는 역할을 해야 한다.

인간은 모두 성숙한 개인으로 발전하려는 속성을 가지고 있다. 이것은 모든 식물의 줄기가 빛을 향해서 뻗어 나가는 굴광성을 가지고 있는 것과 같은 이치다. 인간이 더 높은 인격을 성취하고, 더 나은 삶을 살고자 하는 것은 아주 자연스러운 것이다. 만일 조직이 구성원들에게 비도덕적인 행위나 반사회적인 행동을 요구하면, 성숙도가 높은 개인은 이를 감내하기가 어려워지기 때문에 조직은 효과적으로 운영될 수 없을 것이다. 따라서 미성숙한 구성원이 성장할 수 있는 시스템을 제공하고, 성숙한 개인들은 동기를 자극 받아 일을 더 잘할 수 있도록 하는 환경을 제공하는 것이 오늘날 조직 개발 차원에서 중요한 이슈가 되어야 한다. 그리하면 '어떻게 리더의 자기 인식과 통찰력, 성숙도를 올려낼 것인가?'에 대한 진지한 고민이 그 시작점이 될 것이다.

구제자와 파괴자는 한 끗 차이

명상은 우리가 일상에서 긍정적인 감정을 유지하는 데 큰 도움을 준다. 명상에는 어떤 경우에도 부정적인 태도를 증진하는 메커니즘이 있을 수 없기 때문이다.

틱낫한 스님이 명상을 가르칠 때의 일이다. 한번은 군대에서 저격수들에게 집중력을 키울 수 있도록 명상을 가르쳐 달라는 요청을 받았다고 한다. 수도승들은 고민에 빠졌다. 명상을 통해 집중력을 올리면 더 많은 사람을 죽일 수 있는 살인 도구가 될 수 있기 때문이었다.

틱낫한 스님은 일말의 지체도 없이 그들에게 명상을 가르치라고 했다. 명상을 한다는 건 좋은 선(善)의 영역에 빛을 밝히는 것이다. 명상은 자신의 감정을 민감하게 알아차리고, 자신의 생각과 행동을 반조하여 통찰하는 힘을 키운다. 당연히 생명에 대한 경외심도 증가할 것이다.

인간의 마음은 행복도 불행도 스스로 만들어 낸다. 그러므로 우리는 자기 자신의 구제자일 수도, 파괴자일 수도 있다. 명상은 일에 대한 태도를 증진할 뿐만 아니라, 일상에서 부딪히는 스트레스에 대한 질적인 태도 변화를 이끌어 낸다. 스트레스를 줄이는 것이 명상의 궁극적 목적은 아니지만, 몸의 이완과 집중이 명상의 기본적인 방법적 절차임을 감안할 때, 스트레스 완화는 가장 일반적이며 초기 효과임에는 분명하다.

뇌에서 스트레스 회로의 핵심인 편도체는 불과 몇 시간 가량의 마음챙김 수련만으로도 활동이 위축되는 양상을 보인다는 것이 최근 뇌과학을 통해서 입증되고 있다. 전전두피질과 편도체 사이의 연결성은 정서적으로 반응하는 수준을 조절해 준다. 그 연결이 강할수록 우리 뇌는 자극에 즉각 반응하지 않고 마음은 고요를 유지할 수 있다.

스트레스에 대한 인식의 전환과 함께 오늘날 무엇이든 빠르게 변화하는 환경에서 오는 스트레스를 적극적으로 조절하려는 바람이 불고 있다. 미국 실리콘 밸리와 뉴욕에서 일어나고 있는 명상의 바람이 바로 이런 진전을 보여 주는 현상이라고 할 수 있다. 삶의 질을 고양하기 위한 개인적 수단이자 스트레스나 분노를 다루기 위한 임상 장면에서, 또 직원들의 몰입도를 높이고 행복한 일터를 만들기 위한 조직의 대안으로 명상이 뜨거운 주제가 되고 있는 것이다. 미국에서는 명상 애플리케이션으로 수조 원의 회사 가치를 만들어 낸 스타트업이 나왔으니 가히 신드롬이라 할 만하다.

그렇다면, 우리는 왜 지금 명상을 갈급해 하는가?

그 이유는 초 변화가 일상인 시대, 명상은 내면의 고요와 균형 그리고 인간다운 삶을 살아가는 데 핵심 메커니즘을 제공하기 때문이다.

겨울을 나며, 고통에 대하여

이번 겨울은 유난히 따뜻했다. 그래도 봄이 기다려지는 것을 보니 겨울은 틀림없었던 모양이다. 아직 세상의 땅들이 얼어 있고 생명의 씨앗들은 그 기다림의 시간을 온전히 받아들이고 있는 중이다. 마음이 먼저 간다고 봄이 오는 것은 아니기 때문이다. 기다림의 고통이 충만해지는 그 시점에서 생명력은 꿈틀거리고 대지는 나팔을 불기 시작할 것이다.

고통은 성찰의 집으로 향하는 침묵의 안내자이다. 그 속에서 우리는 한겨울의 나목처럼 완전히 발가벗겨진 자기 셀프(self)와 마주할 수 있다. 내 안에 있는 기쁨과 슬픔을 민감하게 관찰하고 온전히 받아들일 수 있을 때 비로소 나는 나무이자 대지이고, 겨울이자 봄이라는 것을 알게 된다. '내 안의 나'와 '나', 그리고 '나를 응시하고 있는 나'는 이렇게 하나가 되고 성숙해진다.

행복을 노래한 시인 헤르만 헤세(Hermann Hesse)는 『데미안』에서 알 밖으로 나오려고 안간힘을 쓰는 새를 묘사한다. 이로써 태어나려고 하는 자는 스스로의 세계를 파괴해야만 한다고 역설한다.

한 소년이 진정한 자기의 삶을 찾아 떠난 여정을 통해 헤세가 보여주고자 한 것은 무엇일까? 아마도 그것은 세계를 구축하고, 동시에 그 세계를 깨고 나와야 하는 인간의 숙명과 그 의미에 대한 이야기일 것이다. 기쁨과 슬픔, 고통과 환희는 서로 다른 모습을 하고 있는 같은 것이며, 그것이 온전히 자신 안에 수렴할 때 우리는 내 안의 신, 아프락사스를 느낄 수 있을 것이다. 하지만 이 이야기는 현대인에게 오늘을 산다는 것 자체가 고통으로 비치는 일면이 있어 가슴이 아프다.

얼마 전 일본에서는 한 젊은 작가에 의해서 소개된 '사축(社畜)'이란 말이 회자되며 유행어처럼 쓰였다. 사축이란 '회사'와 '가축'의 합성어로써, 회사에 길들여져 자신의 의사와 양심을 포기한 채로 노예화된 샐러리맨의 상태를 비꼬는 말이다. 매달 회사로부터 지급되는 월급이라는 '사료'에 중독되어, 진정한 자기 자신을 잃어버리고 사축화되어 가고 있는 우리 사회의 단면을 여실히 보여 주고 있다.

작가는 '사축'의 시대에서 살아남는 방법으로 '반면사축'이 되기를 제안한다. 즉, 회사를 그만두는 것이 아니라 회사의 울타리 안에서 끈질기게 존속하면서 철저하게 이기적으로 회사를 이용하는 사람이 이 사회의 승리자가 된다는 것이다. 이것은 최근 우리 젊은이들 사이에서도 회자되고 있는 '조용한 퇴직(몸은 회사에 있으나 마음은 퇴직 상태를 일컫는 말)'과 일맥상통하는 말이다. 반면사축과 조용한 퇴직은 현실 자체를 고통으로 인식하면서 그것에 정면으로 마주할 시도조차 하지 못하는 오늘날 젊은이들의 표상이 그대로 담겨 있는 듯하여 더욱 가슴이 아프다.

인간 연구에 평생을 바친 인본주의 심리학자 매슬로는 인간이 여타 동물과 구분될 수 있는 구획 기준은 결국 가치 체계를 가지고 있기 때문이라고 했다. 인간에게는 사랑, 신뢰, 도덕, 행복, 공유 의식과 같은 가치 체계가 존재 이유와 삶의 목적을 제공하는 강력한 동기 요인이다. 하지만 동물에게는 이러한 가치 체계가 없다. 따라서 생존을 위한 사료 이상의 무엇도 거추장스러울 뿐이다. 만일 우리가 사료만을 얻기 위해 '사축을 가장한 사축'으로의 삶을 산다면 그것은 가장 비극적이고 고통스러운 인간의 삶이 될 것이다.

　어떤 동물도 스스로 일을 하는 종은 없다. 하지만 인간에게 일은 생존을 넘어 무엇인가를 향하고, 가치를 실현하는 삶의 도구이자 양태임이 분명하다. 사료의 수단으로써 일에 대한 관점은 자신을 종속된 사축으로 남게 할 것이다. 만일 일이 자신의 성장과 자아실현의 도구가 되고, 일터가 자신의 삶에서 모든 가능성의 장(場)이 된다면 우리는 가장 인간답고 성숙한 삶의 문턱에 한층 다가서게 될 것이다.

　자유로운 삶을 누리는 것은 우리 모두의 꿈이다. 하지만 그 축복이 누구에게나 허락되지는 않는다. 자신을 옭아매고 있는 수많은 사슬들로부터 벗어나고자 몸부림치는 과정 없이는 안 된다. 여기서 대오각성(大悟覺醒)은 사슬을 인식하는 것이며, 그 순간부터 우리의 몸부림은 시작된다. 사슬 마디마디에 붙어 있는 자아를 하나씩 발라내고 내면 깊숙한 곳에 있는 다이몬(daimon)을 찾을 때까지 결코 멈출 수 없다. 하루가 영원 같고, 그런 영원은 하루와 같다.

내 안의 '나' : 그림자(Shadow)를 넘어

마음이 어떻게 생겼는지 우리는 모른다. 고대 철학자들의 깊은 사유로부터 오늘날 최첨단을 달리고 있는 뇌과학까지 이 문제로 씨름해 왔지만, 아직도 우리는 스스로에 대해서 너무도 많은 부분을 모르고 있다. 여전히 풀리지 않은 수수께끼다.

인간의 마음을 다루는 심층 심리학의 관점에서 보면 '마음'은 우리가 생각하는 것보다 훨씬 큰 세계이며 복잡한 구조를 지니고 있다. 마음은 우리가 깨어 있을 때 일상의 면면에 모습을 드러내며, 심지어는 잠들었을 때도 꿈을 통해 살아 움직인다.

사람(person)이나 성격(personality)의 어원도 그리스어의 '가면(persona, 페르소나)'에서 유래된 것처럼 우리는 상황에 따라 그때그때 통용되는 다양한 가면을 쓰고 살아간다. 따라서 자신의 마음을 탐구하는 것은, 온전한 '나'로서 내 삶의 주인이 되는 여정에 반드시 선행되어야 하는 작업이다.

자기를 찾아 나선 여행길에서 가장 먼저 통과해야 할 관문이 있다. 바로 우리가 '나'라고 생각하는 에고(ego)에 숙명처럼 붙어 있는 그림자(shadow)다. 대부분의 경우 그림자는 우리 삶의 모든 경험과 감정의 어두운 측면을 드리운다.

인간은 누구나 삶의 깊은 질곡 속에 어둡고 열등한 자신의 한 부분을 짊어지고 있다. 하지만 이런 어두운 부분들은 오랜 시간 의식 저편에서 억눌리고 외면당함으로써 왜곡된 감정과 의식의 형태로 분출되며, 다양한 정신 질환의 원인을 제공하게 된다. 따라서 우리가 더 자유롭고 성숙한 삶을 살아가기 위해서는 무의식 속에 숨어 있는 자신의 열등한 콤플렉스들을 의식화해 냄으로써 자아와 그림자가 통합된 '하나의 나'로 살아가는 것이 중요하다.

어떻게 하면 그림자 속에 감춰진 나, 열등한 나를 통합된 하나의 나로 확장할 수 있을까?

무엇보다도 내면 관찰을 통해서 자신의 열등한 '나'가 고개를 들 수 있도록 해 줘야 한다. 또한 다른 사람들에게 투사된 나의 어두운 열등의식을 빠르게 알아채고 거둬들이는 것도 일상에서 쉽게 할 수 있는 방법이다. 의식 저편에 있는 어두운 나의 흔적들을 찾아 손잡아 주고 인정하고, 이해하고, 보듬어 주자. 그것만으로도 우리는 '힐링'을 경험할 수 있으며, 더 성숙한 '나'로 나아가기에 충분하다.

많은 감정은 자신의 무의식 안에 억압된 수많은 콤플렉스들이 특정 상황에서 자동적으로 표출되는 것이다. 따라서 명상을 통해 자신의 무의식을 들여다보고, 어루만지며 화해하는 것은 성숙으로 나아가는 길에서 반드시 필요한 과정이다.

무의식을 탐색할 때 주의할 점은 에피소드로 빨려 들어가지 않는 것이다. 단지 바로 보고 느끼며 그 뿌리를 확인하는 것이다. 그리고 그 무의식으로 인하여 현재의 나에게 나타나는 여러 감정과 행동의 고리들을 알아채는 것이다. 그 고리 고리의 아픔과 상처를 어루만지고, 지금 내가 살아 있고 온전한 존재로서 삶을 영위하고 있음에 감사하면 된다. 이것은 자신만이 할 수 있으며, 언젠가는 해야만 하고, 일단 하고 나면 경직된 몸은 부드러워지고 마음은 자유를 얻는다.

무의식은 우리 마음에서 디폴트 모드로 작동하기 때문에 자동적이고 비선형적으로 돌출된다. 언제 어떤 형식으로 우리 감정을 휘저을지 모르지만, 미연에 방지할 수가 없다. 그래서 민감하게 알아차리고, 그 순간 통제해야 한다.

일상에서 침묵이 필요한 이유

우리의 감정은 뇌의 심연에 있는 변연계에서 일차적으로 발화한다. 이곳은 해마, 편도체, 선조체 등으로 이루어져 있으며 감정,

보상, 기억 생성 등 생존을 위한 여러 가지 핵심적인 기능을 담당한다. 이것은 동물적 반응인 동시에 생존성을 결정하는 중요한 기능으로, 지금까지 우리를 살아 있게 한 메커니즘이기도 하다.

문제는 이것이 원숭이처럼 끊임없이 자기 수다를 떤다는 것이다. 이를 잠재우는 방법은 민감하게 자기를 유지하면서 알아차림을 하는 것이다. 이때 뇌의 행정 사령관인 전전두엽은, 낄낄대며 수다 떠는 원숭이들을 침묵시킨다. 이 메커니즘은 개발 가능한데, 명상은 특히 앞쪽 이마 안쪽에 있는 이 전전두피질 부위를 강화하고 활성화하는 데 아주 효과적이다.

뇌는 신기하게도 쉬는 법이 없다. 우리가 아무것도 하지 않고 멍하니 있는 동안에도 마음속에서는 별의별 일이 다 벌어진다. 잠깐 눈을 감아 보면 30초를 넘기지 못하고 이런저런 생각들이 원숭이처럼 끼어들어 낄낄댈 것이다. 휴대전화 메신저에 어떤 메시지가 온 것만 같고, 봐야 할 이메일이 막 떠오를 것이며, 갑자기 누구의 얼굴이 지나가기도 할 것이다. 때로는 도대체 어디서 이런 생각이 왔는지, 왜 이런 생각들이 떠오르는지 자신도 궁금할 때가 있을 것이다. 이처럼 마음은 틈만 나면 떠돌아다니며 방황하고 있는 것이 분명하다. 이것이 뇌의 기본 디폴트 모드인 것이다.

따라서 과거 수많은 경험과 기억에 의해서 형성되었던 감정들이 일상에서 자신을 지배하게 두어서는 안 된다. 우리가 이것을 이해하고 믿는다면, 약간의 훈련만으로도 우리는 새로운 감정의 길을 낼 수 있게 된다. 일상에서 고요한 침묵의 시간이 절대적으로 필요한 이유다.

그림자를 밟고 서다

자신만의 시간을 갖는다는 것은, 감정에 휘둘리지 않고 변연계가 쉽게 반응하지 않는 망아지를 훈련하는 것과 같다. 흔들리는 감정을 빨리 조절할 수 있는 것은 훌륭한 삶의 태도를 형성하는 것이다. 일단 이런 수준이 장착되면, 그 이후에는 별다른 노력 없이 자동적으로 삶이 변하기 시작한다.

칼 융은 "인간 무의식 속에서 하느님과 같은 신상(神像)을 발견하였다"라고 했다. 성숙한 삶, 온전한 자기의 삶은 거저 얻어지는 것이 아니다. 삶의 질곡 아래서 화석처럼 형성된 자신의 어두운 면과 맞설 수 있는 용기와 수용을 통해 통합된 나로 나아가는 과정이다. 따라서 자기실현(self-actualization)은 에고와 그림자가 분열되지 않고 통합된 하나의 자기(self)로 나아가는 전체성의 실현인 것이다.

서 있는 사람은 모두 자신의 그림자를 밟고 있다. 훌륭한 삶의 길은 온전히 삶 전체를 통해서 자기 자신에게로 이르는 길이라 생각한다. 만약 일상에서 자기를 들여다보는 신성을 행하지 않는다면, 이는 마치 오케스트라에서 음악을 연주하면서 자기 소리를 듣지 않는 것과 같다고 할 수 있다.

어떠한 신앙 안에서 아무리 기도를 올린다 하더라도, 자기 안에 있는 마음의 뿌리를 확인하고 화합하는 과정 없이는 진정한 성숙으로의 발걸음은 한 걸음도 나아가지 못할 것이다. 내면에 있는 나와 연민심을 가지고 마주할 수 있고, 따듯한 온기를 보낼 수 있을 때 비로소 우리는 온전한 나로서 밖으로 드러나게 된다.

일상에서 드러나는 '신성' : 코뚜레

오늘날 우리는 집단적으로 주의를 상실한 시대에 살고 있다. 10여 년 전만 해도 주의력 결핍은 취학 아동들에게나 있을 법한 정신과적 소견이었는데, 요즘은 전 세계적으로 성인들에게서 발병률이 높아지고 있다. 특히 X(구 트위터)나 페이스북, 인스타그램과 같은 과도한 SNS로 인하여 인간의 '주의'가 10초를 넘기지 못하고 금붕어만큼 떨어지고 있다는 사실은 분명 경계해야 할 일이다. 인간의 이성을 마비시키는 SNS 알고리즘들은 원초적이며 편향된 정보로 중독성을 가중시키며 기저 불안과 분노의 숙주가 되고 있는 것이 현실이다. 이러한 초연결 사회에서 자신의 주의력을 관리하지 못하면 우리의 삶의 질과 행복은 요원한 메아리일 수밖에 없다.

어린 시절 우리 집 송아지의 '코뚜레'를 본 적이 있다. 동네 어른들이 둘러서서 송아지를 잡고 먼저 콧구멍에 된장을 잔뜩 바른 다음, 날카로운 것으로 코를 뚫는다. 그런 다음 박달나무처럼 단단한 나무를 끼워 넣고 동그랗게 결박하면 코뚜레가 완성된다. 사람으로 치자면 송아지의 성인식과 같은 것이다. 코를 뚫는 내내 격하게 울어대며 침을 흘리는 송아지를 보고 있노라면 내가 아픈 것처럼 눈물이 날 지경이었다.

논이고 밭이고 제 맘대로 뛰어다니며 말썽을 부리던 송아지는 코뚜레를 한 날부터 드디어 주인이 부릴 수 있게 된다. 달구지를 달고 물건을 싣고, 논도 밭도 갈 수 있다.

주의(attention)를 다룬다는 것은 내가 나의 주인이 되는 것과 같다. 본래 주의란 것은 송아지처럼 맘대로 뛰어다닌다. 우리가 어떤 문제를 풀거나 주의 집중해서 일을 하지 않을 때에도 뇌는 거의 같은 양의 에너지를 소비하는데, 이것은 우리의 의도와 상관없이 주의가 산만하게 활동하고 있다는 것을 의미한다. 아마도 뇌의 이런 현상은 진화의 과정에서 예측하지 못한 상황에서도 생존성을 확보하기 위한 결과라고 생각된다. 따라서 우리가 일상에서 주의를 조절하고 의도대로 다룰 줄 안다는 것은 더 높은 삶의 질을 유지하는 데 있어 필수 조건이라 할 수 있다.

자신의 주의를 다루기 전에 먼저 훈련되어야 할 것이 있다. 바로 자신을 민감하게 알아차리는 것이다. 마치 맑은 물처럼, 조그만 오염물이 떨어져도 금방 알아차릴 수 있도록 자신의 의식을 순수하게 유지하는 것이 필요하다. 시간이 조금 걸리는 일이지만 염려할 필요는 없다. 명상을 지속하면 자연스럽게 얻어지는 것이고, 순수해질수록 일상에서 자신의 상태를 민감하게 알아차릴 수 있게 된다.

수많은 명상 프로그램과 전통에서 단 하나의 공통점을 든다면 그것은 바로 '주의'를 잡는 것이다. 주의를 잡는 과정을 통해서 우리의 몸은 자연스럽게 이완되고 의식은 순수해지며, 방황하는 마음은 한곳으로 모인다. 이것은 모든 명상의 첫 번째 관문으로, 팔리어로 사티(sati, 念)라고 한다. 주의를 다룬다는 것은 곧 내 감정의 주인이 되는 것을 의미한다.

일상에서 우리의 마음 상태는 일정한 범위 안에서 늘 요동친다. 기쁨과 슬픔을 축으로 매 순간 다양한 종류의 느낌과 감정들이 무의식적으로 널뛰고 있는 격이다. 혹은 낄낄거리며 침대 위에서 뛰고 있는 한 무리의 원숭이들과도 같다. 내가 그런 감정에 휩쓸리지 않고 주인이 될 때, 비로소 코뚜레를 단 소는 매일같이 신선한 우유와 쓸모 있는 노동을 바칠 것이다. 이는 힘들이거나 애쓰지 않고 자연적으로 이루어질 수 있으며, 순연하는 삶이 바로 이와 같다.

일상 속의 알아차림

'감정 알아차리기'는 일상에서 나를 민감하게 유지하고 주의를 다루는 데 아주 효과적인 방법이다. 심리학에서 정서는 느낌, 감정, 무드(기분)의 세 가지 수준으로 정의하는데, 느낌은 주로 '좋고, 싫고(good/bad)'의 즉각적인 마음 상태로 나타난다. 감정은 원인이 있는 정서이며 즐거움, 슬픔, 분노, 환희, 공포, 혐오 등으로 원인이 제거되는 순간 감정도 사라진다. 반면 무드는 우울 등과 같이 특별한 원인이 없는 기분이며 일정 기간 지속되는 특징이 있다.

감정 알아차리기 훈련은 감정 통제나 조절보다 훨씬 자연스럽고 강력하다. 통제나 조절은 감정이 발화된 시점에서 인위적인 개입이 들어가는 것인데 반해, 알아차림은 그것을 민감하게 느끼는 것만으로 감정이 자연히 부드러워지고 소멸되며, 종국에는 그런 감정이 일지 않게 된다. 감정 알아차리기를 연습하면 타인과 이야기하면서도 내 감정이 움직이는 것을 느낄 수 있다. 이것에 익숙해지면 마음 밑바닥에서 움직이는 감정의 씨앗을 알아챌 수 있고, 더 나아가 웬만해서는 요동치는 감정이 일지 않으며, 어떤 상황에서도 고요를 유지할 수 있게 된다.

이러한 생활 속의 명상은 온전한 존재로써 깨어 있는 삶을 지속하는 데 요긴하게 사용할 수 있다. 필요할 때는 불이 활활 타오를 수 있도록 불씨를 아주 강하게 유지시켜 주며, 동시에 삶의 장에서 무의식적으로 집착하는 탁한 기운을 몰아내고 맑은 기운을 창출함으로써 최고의 삶을 유지할 수 있게 해준다.

일상에서 순수한 의식을 유지하기 위한 몇 가지 방법을 더 소개한다.

먼저 하루에 단 몇 분만이라도 '눈을 감고 이완하기'에 익숙해지는 것이다. 일상에서 틈나는 대로 눈을 감고 그냥 있어 보라. 눈을 감는 순간, 우리는 외부 정보를 차단하고 자기 내면으로 향할 수 있다. 우리 뇌는 오감을 통해서 들어오는 감각 중 70~75퍼센트를 시각 정보 처리에 할당한다. 따라서 눈을 감는 것은 효과적으로 주의 분산을 통제하는 시작이 된다. 잠깐 눈을 감고 주의를 자기 감각에 모으는 것만으로도 평온함을 느낄 수 있고, 의식을 순수하게 유지하는 데 큰 도움이 된다.

다음으로 '즉각 반응하지 않기' 훈련이다. 우리의 뇌는 즉각 반응이 기본 모듈이다. 그래야 생존력이 올라가기 때문이다.

즉각 반응이란 무의식에서 자동화된, 늘 그랬던 대로 특정한 감정이 다시 표출되는 것이다. 이것은 너무도 강력한 메커니즘이어서 웬만한 의지나 깨달음으로는 경로 수정이 어렵다. 방법은 그것을 알아채고 훈련하는 것이다. 자극과 반응 사이의 공간을 파고드는 것이다. 내가 마음을 민감하게 두고 살피면 그 공간이 보이고 확대된다. 앞에서 이야기한 감정 알아차리기가 익숙해졌다면 이미 이 공간이 확보된 것과 같다. 인지적으로 이 공간을 확보할 수 있는 방법은 '판단을 중지하는 것'이다.

철학적으로는 '에포케(epoche)'라 하는데, 일체의 판단 없이 그 자체를 그대로 현상으로서 지켜보는 것이다. 판단하는 순간 또 다른 감정들이 고구마 줄기처럼 따라오기 때문이다. 이 공간이 확보되는 순간, 우리는 원숭이가 아닌 존엄한 인격체로서 성숙한 삶의 자락에 들어서게 된다.

고대 그리스 철학자 헤라클레이토스(Heracleitos)는 "한 인간의 신성은 일상에서 드러난다"고 했다. 경험 속에서 일어나는 모든 일을 습관적으로 판단하거나 반응하지 않고, 그저 알아차리는 것이다. 내가 내 주의에 코뚜레를 했을 때, 비로소 나는 신성의 주인이 된다. 우리가 할 수 있는 최상의 삶이 있다면, 지금 이 순간 이 자리에서 성숙한 한 발짝을 내미는 일상일 것이다.

시대정신 : 꽃들에게 희망을

한 시대를 살아가는 인류는 당대가 요구하는 문제와 그것을 넘어서는 '도전'이라는 소명을 부여받아 왔다. 오늘의 인류는 그렇게 모진 역사의 굴곡을 지나 온전히 진보해 온 그 자체인 것이다. 이것이 한 시대의 지배적인 사회·문화·정치의 정신적 경향인 '시대정신(Zeitgeist)'이다.

그렇다면 진화의 정점에서 21세기를 살아가는 우리에게 요구되는 시대정신은 무엇일까? 우리는 어떤 도전에 맞서 인류를 한 발 더 앞으로 나아가게 할 것인가? '기업가로서 나는, 그리고 우리는 지금 어떤 공통의 사명을 가지고 있는가?'에 대한 물음을 스스로에게 던져야 한다.

실존적 관점에서 본다면 우리 모두는 이 세계라는 곳에 우연히 던져진 존재이다. 이 실상을 깨닫는 것은 확철대오(廓徹大悟, 확연히 꿰뚫어 크게 깨우침)의 중요한 순간인데, 곧 죽음이라는 공포에 직면하기 때문이다. 죽을 수밖에 없는 불완전한 실체는 늘 불안을 잉태하고 있으며, 이것이 바로 고통의 본질이다. 이런 깊은 사유의 끝에서, '어떻게 살 것인가?'에 대한 물음을 스스로에게 던지게 되는 것이다.

한정된 시간과 죽음이라는 운명 앞에서 비로소 어떤 삶을 살 것인가, 하는 문제가 생사만큼이나 중요한 삶의 어젠다로 꽂히게 된다. 이런 삶은 그저 잘 먹고 잘 살다가 어영부영 보내는 그런 가벼운 삶이 될 수 없다. '하나의 개체이자, 사회적 존재로서 어떻게 존재적 가치를 실현하고 의미 있는 삶을 살 것인가?'에 대한 결론에 이르게 된다. 그다음은 말할 것도 없이, 열려 있는 온전한 삶의 장에 한 치의 남김도 없이 자신을 던지게 된다.

나는 지금 우리가 직면한 시대의 흐름을 보며, 그동안 한 번도 들어가 보지 않은 미지의 숲 앞에 서 있는 듯한 느낌이 든다. 너무도 위압적이고 두려움을 자아내기에 충분하지만, 우리는 그 숲을 결코 비켜 나갈 수 없는 운명임을 잘 알고 있다. 이 정체 모를 숲이 진정으로 두려워하는 것은, 미지에 대한 우리의 강한 호기심과 한 걸음씩 앞으로 내딛는 용기일 것이다. 아직 아무도 밟아 보지 않은 숲이기에 우리가 곧 길이 되어 줄 수 있다는 희망이 있다.

오늘날 세상의 변화를 촉진하는 것은 눈부시고 기하급수적인 기술의 발전이다. 증강 현실과 가상 현실은 현실과 가상의 경계를 무너뜨리며 완전히 새로운 일상의 패러다임을 제공할 것이다. 우리는 조만간 인간보다 더 똑똑한 AI 동료들과 사무실에서 함께 근무하게 될 것이고, 24시간 지칠 줄 모르는 로봇들에게 노동의 대부분을 의지하게 될 것이다. 우리의 삶이 어떤 방향으로 흐르게 될지 쉽게 예측할 수 없지만, 인류사에 있어 분명한 변곡점 위에 서 있는 것은 분명하다.

스티브 잡스(Steve Jobs)는 '창조'를 "서로 다른 컴포넌트들을 연결시켜 맥락을 만들어 내는 능력"이라고 정의했다. 지금 우리가 길 위에서, 다시 길을 물어야 하는 이유는 과거의 경험만으로 엮어 낼 수 없는 새로운 맥락을 시대가 요구하고 있기 때문이다. 나는 이 점에서 새로운 시대가 요구하는 보편적 정신은 '기술 너머'에 있는 인간의 고유한 가치를 재발견하는 데 있다고 본다. 아마도 인간이 가지고 있는 미지에 대한 호기심과 더 높은 가치에 대한 열망, 그리고 공동체에 대한 헌신이 변화의 파도를 넘어 새로운 장의 세계로 우리를 안내하게 될 것이다. 우리는 일과 일터, 개인의 삶이 분리될 수 없는 세상에 살고 있다. 따라서 21세기 기업가는 일터를 통해서 개인의 성장과 성숙을 지원하고, 의식 함양에 기여해야 한다.

오늘날 전 세계적으로 일고 있는 사회 현상 중 하나는 탈종교화다. 과학을 통해 의식이 빠르게 확장된 시대에 종교가 설 자리는 더욱 비좁아 보인다. 따라서 과거 오랜 시간 종교가 기여했던 사회적 기능의 한 축을 이제는 기업이 대신해야 할 때가 된 것 같다. 그런 의미에서 오늘날 기업가로서의 삶을 산다는 것은 생산과 생존의 수레바퀴를 돌려야 함과 동시에, 한편으로는 일터를 의식 함양의 공동체로 증진시키는 수레바퀴를 함께 돌려야 하는 시대적 소명 앞에 서 있다고 볼 수 있다. 그러기 위해서는 창업자가 회사에 대한 소유 의식에서 먼저 벗어나야 한다.

사장들이 회사를 자신과 동일시하기 때문에 매일같이 죽고 사는 문제로 허덕인다. 사실 회사는 누군가의 소유가 될 수 없다. 사람을 소유할 수 없기 때문이다. 회사의 지속 가능성도 시장에서 고객이 결정하며, 그 요구는 지속해서 변화한다. 따라서 회사는 고정된 그 무엇이 아니며 나의 소유가 될 수 없다. 회사가 사회 시스템의 일부라는 것과 그 시스템을 이용해서 부가가치를 창출하는 매개체일 뿐이라는 것을 인식해야 한다.

직원이 단지 수단으로서 회사의 도구적 존재인 시대는 이미 지났다. 요즈음 나의 도전은 조직의 의식 수준을 어떻게 높이느냐 하는 것이다. 이것은 캐러션(CARROTian) 개개인들의 의식이 고양되어야 가능한 일이다. 조직 구성원들이 일과 삶을 분리하지 않는 태도를 가지고 의식 수준을 높인다면, 우리 주위에서 일어나고 있는 많은 소모적인 논쟁들이 더는 문제 되지 않을 것이라고 믿기 때문이다.

이제 일터는 생산을 통해 결핍을 충족하는, 생존만을 위한 공간이어서는 안 된다. 일이라는 매개를 통해 개인의 삶을 더욱 살찌우고 존재 가치를 실현하는 의식 개발의 장이 되어야 한다. 이런 조직에서 경영자의 역할은 보다 높은 의식을 함양하고 구성원들의 의식 진전을 퍼실리테이팅, 즉 촉진하는 영성 리더(Chief Spiritual Officer, 이하 CSO)에 가깝다고 볼 수 있다. 어쩌면 이는 오늘을 살아가는 모든 리더들에게 주어진 매우 중요한 도전일 수 있다.

사장이 소유 의식을 강하게 가지고 있으면 직원 어느 누구도 회사의 주인이 될 수 없다. 내가 소유 의식을 걷어 내야지만 비로소 직원들의 심리적 주인 의식이 고양될 수 있는 것이다. 회사에 대하여 이러한 탈소유와 사회 정체성 개념을 명확히 하는 것은 그 회사만의 조직 문화를 형성하는 데 훌륭한 토양이 된다. 이런 마인드를 가지는 것만으로도 회사는 유연해지고 경영자의 삶은 훨씬 자유로워진다.

나비의 소명

트리나 폴러스(Trina Paulus)의 그림 동화책 『꽃들에게 희망을』에는 애벌레들이 나비가 되기 위해 서로를 짓밟으며 하늘 위로 올라가는 거대한 애벌레 탑이 나온다. 그들의 꿈은 단지 더 높이 올라가 하늘을 나는 것이다. 하지만 자신의 몸에서 실을 뽑아 누에고치를 만들고 인내의 시간을 통해 하늘로 날아오른 나비는 새로운 자신의 소명을 깨닫는다. 부지런히 꽃잎을 수정시켜 꽃밭을 일구고, 대지를 역동적으로 살아 숨 쉬게 하는 것임을. 나비는 꽃들에게 희망 그 자체이며, 꽃밭의 운명은 온전히 나비에게 맡겨진다.

산업 시대의 기업가에게 사업보국(事業保國)이라는 사명이 있었다면, 21세기를 살아가는 오늘의 기업가에게는 개인의 삶과 사회 공동체의 안녕을 위해 최고의 일터를 만들어 가는 소명이 있다고 생각한다. 구성원들은 생산의 수단이 아닌, 일터에서 더불어 변화하고 성장하는 주체여야 한다. 사회적 자산으로서의 기업은 개개인이 최고의 삶을 지향할 수 있도록 플랫폼을 제공하는 것과 동시에 우리 사회의 진전과 지속 가능성이 확보될 수 있도록 기여해야만 한다. 애벌레들이 나비가 되어 꽃들에게 희망이 될 수 있도록 말이다.

깨어 있는 리더 : 메타 인지

인류의 역사에서 지구가 자전하며 돌고 있다는 사실을 안 것은 불과 몇백 년밖에 되지 않는다. 선구자들은 이런 진리를 발견하고서도 함구하거나, 그렇지 않으면 자기 목숨을 내놓아야만 했다. 하지만 여전히 우리는 일상에서 태양의 움직임을 제외하면 지구가 시속 1,600킬로미터로 돌고 있다는 사실을 전혀 느끼지 못하고 살아간다. 지구는 둥글고, 이렇게 빠른 속도로 회전하고 있는데, 모두가 우주 밖으로 튕겨져 나갈 법한데 어떻게 우리는 미동도 하지 않고 이렇게 붙어 있을 수 있을까? 바로 원심력보다 300배나 강력한 중력, 즉 구심성이 작동하기 때문이다.

　기업가의 관점에서 '원심성'은 세상을 향해 자기를 펼쳐 나가는 것이다. 훌륭한 일터를 만들고 생산성과 효율성을 높여 지속 가능성을 확보하며, 제품과 서비스를 통해서 사업 그 자체가 사회에 기여하는 실천이다. 사업은 매 순간 도전이고, 극적인 리얼리티의 현장이다. 생각 한 점에서 천당부터 지옥까지 3천의 세상이 열리기도 한다. 그런 현실에서 머뭇거리지 않고 지속적으로 자신의 소명을 위해 앞으로 나아가는 것, 이것이 곧 기업가 정신이고 '원심성'이라고 할 수 있다.

　한편 '구심성'은 스스로를 대상으로 자기 내면을 확인하고 성찰하는 자기 인식의 과정이다. 심리학에서는 이런 능력을 '메타 인지'라고 하는데, 지구상의 동물 중 유일하게 인간만이 가지고 있는 특성이다. 메타 인지 덕에 우리는 스스로 깊은 질문을 던질 수 있으며, 결핍을 충족하는 수준을 넘어 성장과 성숙을 지향할 수 있는 것이다.

　하지만 이것은 신체 발달처럼 시간이 지난다고 그냥 얻어지는 것이 아니다. 경험과 학습을 통해서 발현되고 확대될 수 있는 것이다. 그것은 곧 자기 내면을 숙고하고 객관화할 수 있는 힘이기도 한데, 명상을 통해서 우리가 개발하는 능력은 바로 이것이다. 내면으로 들어가는 가장 확실한 방법이기 때문이다.

경영학에서 리더십만큼 오랫동안 많이 연구된 주제도 없을 것이다. 그만큼 경영에서 핵심 요인이고, 조직의 힘을 하나로 모아 성과를 이루어 내야 하는 도전적인 과제인 것이다. 특히, 오늘날처럼 불확실하고 빠르게 변화하는 환경에서는 리더십에 회사의 존폐가 달려 있다고 해도 과언이 아니다. 리더십은 속성상 그 시대가 요구하는 특성들이 있는데, 카리스마적 리더십과 상황적 리더십, 변혁적 리더십, 그리고 최근 들어 진정성 리더십 등이 그 예이다.

하지만 동서고금을 막론하고 훌륭한 리더십을 관통하는 하나의 필터가 있다. 바로 '자기 인식'이다. '리더가 얼마나 스스로 민감하게 깨어 있는가?' 하는 것은 곧, '자기 성찰의 메커니즘이 살아 있는가?'와 같은 것이며, 시대를 막론하고 훌륭한 리더의 절대적인 중심이었다.

세계적 리더십 연구센터인 CCL(Center for Creative Leadership)에서 진행한 최근 연구 결과에서도 정확히 이것을 확인할 수 있었다. 지난 50여 년간 리더십 연구에서 발견한 주요 요인들 250여 개를 메타 분석했을 때, 단연 최고의 설명력을 가진 핵심 요인은 '자기 인식'이었다. 자기 인식이 뛰어난 사람은 우선 자신을 객관화하는 데 익숙하기 때문에, 자신이 아는 것과 모르는 것을 명확히 분간해 낸다. 동시에 기존에 익숙한 것을 낯설게 볼 줄 알고, 서로 관련이 없는 것들을 연결시켜 문제를 해결해 내는 통합적 능력을 보인다.

일찍이 아리스토텔레스가 "자신의 생각을 관조하는 능력을 최고의 선"이라고 했으며, 애덤 스미스가 『도덕 감정론』에서 "인간은 이기적인 존재이지만, 그의 내면에 '공정한 관찰자'가 있어서 스스로 규율할 수 있는 힘이 있다"고 강조했듯이 말이다.

오늘날 리더가 자기를 객관화하여 인식하는 메타 인지 능력은 더욱 중요해졌다. 자기 인식이 높은 리더는 스스로 '원심성'과 '구심성'을 동시에 갖춘 리더이다. 지난 몇 년간 구글 데이터베이스에서 '리더십'과 '명상'을 검색해 보면, 콘텐츠 수가 기하급수적으로 늘어난 것을 볼 수 있다. 2019년까지는 매년 30만 건 안팎의 콘텐츠들이 만들어졌는데, 2020년을 기점으로 연간 350만 건 이상으로 10배 이상 폭증하였다. 아마도 빠르고 광폭적인 세상의 변화가 리더십에 새로운 도전을 요구하고 있으며, 리더들은 자신의 메타 인지를 개발해야 하는 과제를 안게 된 것 같다.

메타 인지 리더십은 여러 상황에서 생각, 충동, 욕망, 감정들이 우리를 이끄는 대로 따라가는 게 아니라, 대상으로서 그것들을 알아차리고 관찰하면서 빠르게 균형감을 갖도록 해 준다. 우리는 이렇게 자기 내면에 주의를 기울임으로써 즉각 반응하지 않고 맥락 사이에서 중요한 통찰을 얻을 수 있게 된다.

인류는 이미 3천 년 이전부터 이런 메타 인지를 향상시키는 방법들을 경험적으로 터득했으며, 그 핵심에 바로 '명상'이 있었다.

명상이란 어떤 상황에서도 가장 효과적인 삶을 창조해 나갈 수 있도록 자신을 개발하는 도구이자 기술이다. 통찰은 이 나무에 열리는 탐스런 열매와 같은 것이다.

명상의 핵심은 정혜쌍수(定慧雙修)에 있다. 수레의 두 바퀴처럼 고요를 유지하는 것과 동시에 통찰을 얻는 과정이다. '정(定)'은 몸과 마음을 민감하게 느끼고 관찰함으로써 생리학적인 깊은 안정과 회복력을 확보시켜 준다. '혜(慧)'는 인간과 삶의 본질에 대한 질문을 끊임없이 던짐으로써 그 과정에서 깨달음을 얻는 인지적 과정이다. 단박에 큰 깨달음을 얻든지, 작은 깨달음을 지속적으로 얻든지 상관은 없다. 이러한 평온과 깨우침을 위한 노력을 일상에서 지속하는 것이 중요하다. 우리의 '주의'는 쉽게 외부 자극에 끌려다니거나, 무의식이 만들어 낸 감정에 휘둘려 날뛰는 속성이 있기 때문에, 눈을 감고 주의를 한데 모으고 의식하는 것만으로도 그 고삐를 다시 쥘 수 있다.

불확실성의 세계에 들어온 우리

우리는 자기를 민감하게 관찰하는 데 익숙해져야 한다. 이런 훈련으로 뇌는 일정한 신경 회로를 만들어 내는데, 특히 전전두피질의 구조가 변화되고 활성화되는 특징을 보여준다. 이 부위는 우리를 인간으로 만드는 진화론적 변화에서 중심 역할을 한 부분이기도 하다. 이렇게 형성된 회로는 일상에서 감정 충동을 잠재우고, 심리적 상처를 빠르게 회복하는 데 효과적으로 작동한다. 우리를 고통의 바다에 붙잡고 있는 탐욕과 분노, 그리고 어리석음이 일어날 때 즉각 간파할 수 있다면 우리는 바로 그 자리에서 더 성장하고 유연해질 수 있다.

내면이 확실히 깊고 확장된 사람, 자신의 주위로부터 일어나는 현상들을 자신의 마음에 비추어 반조하는 리더는 그 어떤 것에도 휘둘리지 않고, 설사 충격이 와도 금세 평온함을 되찾는 '구심성'을 갖춘 사람이라고 할 수 있다.

오늘 우리는, 미래에 대한 관점이 낙관적이든 혹은 비관적이든 상관없이, 익숙하지 않은 불확실성의 세계에 들어와 있다. 미래의 불확실성을 넘어설 수 있는 유일한 길이자 개인과 조직이 누릴 수 있는 단 한 가지의 지속적인 우위가 있다면, 그것은 더 빨리 학습할 수 있는 능력에 있을 것이다. 일터에서 구성원들이 자기 인식을 강화하고 마음챙김을 할 수 있도록 교육과 환경을 조성하는 것이 꼭 필요한 이유다. 이것은 이제 기업의 인재 개발과 경영의 핵심 방향이라고 볼 수 있다.

내 삶에 있어 최고의 조우는 15살 때 명상을 알게 된 것이다. 그 이후로 명상은 내 삶의 길잡이였고, 일상이었으며 라이프 스타

일이 되었다. 사차 산업 혁명의 시대를 살아가는 우리는 불확실성을 넘어 자신 본연의 삶을 창조할 수 있는 지혜가 필요하다. 명상적인 삶은 일상에서 메타 인지가 효과적으로 작동함으로써 어느 상황에서든 충동에 휩쓸리지 않고 빠르게 균형을 잡아 주는 힘이 된다. 그 힘은 온전히 내 안에 있다.

영성이 있는 일터를 위하여

21세기에 우리가 직면하는 많은 문제들은 과거에 접했던 문제들과는 그 성질이 다르다. 훨씬 복잡하고 예측하기가 어려우며 문제를 정의하는 데 주어지는 시간도 그리 많지 않거나, 아예 답이 없을 수도 있다.

오늘날 기업들에게 주어진 역동적인 환경 변화는 이러한 새로운 문제의 연속이며, 기존의 방식으로는 지속적인 성장을 담보할 수 없음이 명확하다. 아인슈타인의 말처럼 "같은 방법을 사용해서 다른 결과를 얻기를 바란다면 그것은 미친 짓"일 수 있는 것이다.

이러한 새로운 문제의 패러다임은 통제가 아닌 조직 구성원들의 지식과 창의성, 몰입 등과 같은 질적인 요인에 의해서 성패가 좌우되고 있다. 회사의 경쟁 우위 원천이 기존의 시스템과 통제적 메커니즘에서 인적 자산으로 옮겨진 것이다. 전문가들은 직원들의 질을 향상시키기 위해서는 조직 내 관계를 돈독히 하고 영성을 개발할 필요가 있다고 주장한다. 가장 중요한 직원들의 질은, 상벌을 통한 행동 조작으로는 만들어질 수 없으며 인간의 영성 개발을 통해서만 점진적으로 형성된다는 것이다.

조직을 연구하는 행동 과학자들은 10년 전부터 이러한 문제들을 해결할 수 있는 하나의 방법으로 영성에 대한 탐구를 시작했고, 지금까지 꽤 진전된 연구 성과를 이루어 내고 있다. 연구자들은 오늘날 우리가 직면한 많은 문제들이 예측 불가능한 비선형적 특성을 가지고 있어 과거의 문제 해결 방식으로 접근하는 데 한계가 있음을 직시했다. 따라서 개인의 의식 수준을 향상시킴으로써 문제들을 통합적으로 바라보고 해결하는 홀리스틱한 전체적 접근을 시도하고 있는 것이다. 직장과 조직 운영의 관점에서 일터 영성을 고양시키는 것은 이러한 접근 중의 하나라고 할 수 있다.

영성의 어원은 라틴어의 호흡(spiritus)에서 유래하였다. 영성은 눈에 보이지 않는 무엇이지만 존재에 생명을 불어넣고 유지시키는 근원이라는 의미이다.

일터 영성이란 '일과 조직이라는 환경 속에서 개인이 삶의 의미와 목적을 찾고, 더 나은 존재 가치를 실현하고자 하는 인간의 본연적 심리적 특성'으로 정의할 수 있다. 인간은 누구나 본능적으로 존재 가치를 높이고 더 나은 삶을 살고자 하는 욕구와 내면의 메커니즘을 가지고 있는 것이다.

영성은 종교적 틀이 아닌 우리의 일상 속에서 늘 존재하고 향상시켜 나갈 수 있다. 종교가 하나의 조직화된 신념 체계로써 형식과 틀을 중요시한다면, 영성은 인간 존재 그 자체 내에 살아 숨 쉬고 있다. 비유를 하자면 영성은 마치 어디든 존재하는 '물'과 같은 것이며, 종교는 물을 담는 '용기'에 비유할 수 있다. 용기는 다양한 형태와 크기가 있을 수 있지만, 물이 존재하기 위해서 반드시 용기가 필요한 것은 아니다.

미래학자 퍼트리샤 에이버덴(Patricia Aburdene)은 "기업 활동에서 영성에 초점을 맞추는 것은 가장 중요한 일이 되고 있으며, 오늘날 가장 큰 트렌드를 형성하고 있다"고 주장하고 있다.

영성은 일터에서의 상호 관계뿐만 아니라, 조직 효과성에 있어서도 매우 긍정적 변화들을 만들어 내고 있다. 회사에서 직원 자신이 성장하고 더 나은 삶을 살고자 하는 개인 중심적 가치와 직무 동기, 조직 몰입, 조직 시민 행동과 같은 회사 중심적 가치 모두에서 영성을 강조한다면 조직은 훨씬 좋은 결과를 얻게 될 것이다.

영성의 본질은 또한 전체성에 있다. 우리가 온전한 개체로서 전체성을 가지고 있음을 인식할 때, 자신뿐만 아니라 타인과 하나 될 수 있으며 자연과 세상과도 깊이 연결되어 있음을 알게 된다. 영성은 의미와 목적을 추구하는 지속적인 힘이다. 영성은 인간의 삶에 있어서 궁극적 의미와 목적, 그리고 책임에 대한 근본적 근원이다.

영성적인 회사들은 생산성이 더 높을 뿐만 아니라 훨씬 유연하며 창의적이고 지속적인 경쟁 우위를 확보할 수 있다는 증거를 관련 연구들은 지속적으로 보여 주고 있다. 또한 영성의 힘이 점증적으로 우리 개인들의 삶에 영향을 주고 있으며, 조직으로 확산되어 도덕적 혁신을 가능하게 할 것이라고 이야기하고 있다.

일터 영성을 이해한다는 것은 사람들이 내면적 세계와 외면적 세계를 가지고 있다는 것을 이해하는 것이며, 성숙한 내면세계를 이룬다면 더 의미 있고 생산적인 외현적 삶을 살게 된다는 것을 이해하게 되는 것이다.

오늘날 사람들은 더욱 많은 시간을 일과 관련하여 보내고 있으며, 정보 기술의 눈부신 발달로 일과 개인적 삶의 경계가 모호해지고 있다. 또한 전통적인 사회 모임이나 가족 중심의 모임이 줄어들고 있기 때문에, 직장을 사회적 관계 형성의 가장 중요한 원천으로 간주하고 있다. 일터 영성은 이러한 급격한 경영 환경의 변화와 사회적 역동성의 중심에서 개인과 조직에 솔루션을 제공해 줄 수 있는 대안이 될 수 있을 것이다.

우리는 하루 중 대부분의 시간을 일과 조직이라는 환경 속에서 보내고 있다. 어느 누구도 출근을 하면서 자신의 영성을 집에 놓고 오는 사람은 없을 것이다. 일 속에서 삶의 목적과 존재적 가치를 찾을 수 있고, 함께하는 동료들이 나의 삶의 의미를 더해주며, 내가 그들의 고통을 인지하고 공유할 수 있다면 우리는 훨씬 더 질적으로 고양된 삶을 살아갈 수 있는 것이다.

따라서 조직에서 리더들은 영성 수준에 많은 관심을 가져야 하며, 구성원들이 자신은 누구이며 무엇을 하고 있고 무엇에 기여하고 있는지에 대한 궁극적인 의미를 찾을 수 있도록 도와야 한다. 인간의 정신이 존재하는 내면적 세계에 대한 개념은 직장에서 그리고 직장 밖에서 우리의 삶에 녹아 있기 때문이다.

영성이 있는 일터는 이러한 사람들이 모여 공동의 목표를 가지고 사회적 가치를 실현하는 장(field)이다. 따라서 오늘날 성공적인 조직 리더들은 영성이 있는 리더들이며, 스스로가 온전한 영성을 가지고 있음을 인지하고, 동시에 다른 사람의 영성 개발을 촉진하는 방법을 아는 사람들이다. 그들은 조직이 영성의 집합체이며, 조직 구성원 개개인의 영성의 합이라는 것을 알고 있다. 기업 현장에서 영성이 발붙일 곳이 없다고 생각하는 사람들은 자신과 자신의 가치를 아주 값싸게 팔고 있는 것이다.

성공의 본질 : 통합

우리는 복잡한 세계를 이해하기 위해서 편의상 분리하는 습성을 가지고 있다. 이런 접근은 20세기를 거치면서 현대 과학과 앎의 진전을 가져오는 데 크게 기여했다. 하지만 상위 개념을 하위 단계의 요소로 환원해서 설명하는 견해는 부분적 기능에 집중함으로써 전체를 놓치는 우를 범할 수 있다. 예를 들어 물질은 원자들의 집합이고, 정신은 감각적 경험들의 결합이라는 아포리즘은 환원주의의 위험성을 보여 주는 전형적인 접근이다. 인간에 대한 탐구에 있어서도 마찬가지다.

인지 과학은 우리의 자아도 기억이나 인식, 감정, 생각과 같은 흐름 사이에서 엮여 있는 하위 신경계의 속성으로 이야기한다. 하지만 인간 존재 의식의 정수는 이들이 하나로 결합될 때에만 비로소 현현할 수 있다. 지난 100년간 의학, 생물학, 심리학은 인간의 몸과 마음을 고도로 해체하며 분석해 온 과정이었으나, 최근에는 인간 전체성에 대한 이해의 노력이 부족했다는 점에서 반성이 일어나고 있다.

재미있는 것은, 아직도 우리는 유기체가 분자 단위에서 세포 단위로 넘어가면서 어떻게 생명력이 생성되는지 그 메커니즘을 모른다는 것이다. 그래서 창발적 생명 현상의 출현이라고 이야기하고 넘어간다. 아마 이 생명 현상의 기제를 손에 쥐게 되는 순간, 인간은 온갖 생명을 창조할 수 있는 신의 영역에 들어서게 될 것이다.

의식도 마찬가지다. 어떻게 침팬지와 비슷한 진화의 과정을 거친 인간이 이런 고차원적인 의식을 갖게 되었는지 도무지 알 수 없다. 오직 인간만이 자신을 궁금해하고 스스로를 들여다보는 특이한 의식을 가지고 있는 것이다.

하나의 가설은 인간이 직립 보행을 시작하면서부터 손이 자유로워졌다는 데 방점을 둔다. 자유로운 손은 다양하고 섬세한 도구를 만들기에 적합했으며, 이때 뇌에서 엄청난 시냅싱이 형성되었고, 이 순간 우연히 창발적으로 높은 의식이 출현했다고 본다. 이처럼 진화의 단계에서 우연성과 창발성이라는 개념을 통해 오늘의 우리가 된 것이다. 따라서 이것을 하위 개념의 구성 요소로 해체하는 순간, 설명할 수 없는 엄청난 공간이 생기게 된다.

사회학자 에밀 뒤르켐(Emile Durkheim)은 '환원 불가능성'을 주장한 대표적인 학자다. 그는 "어떤 대상의 일부분으로부터 그 대상의 전체에 대한 사실을 유도해 낼 수 없다"고 설명한다. 집단의식은 개인의식의 총합으로 이루어지지만, 개인의 의식과는 전혀 다르고, 그런 집단의식은 개인의식으로 환원할 수 없다는 것이다. 예를 들어 물을 수소와 산소로 분리할 수는 있지만, 물의 촉촉한 성질은 유도해 낼 수 없는 것과 같다. 인간의 심리적 현상을 신체와 신경계와 두뇌에 관한 생물 화학적 사실로 일부분 설명할 수는 있지만, 그것을 동치로 환원시킬 수는 없는 이치다.

인간은 본질적으로 250만 년이라는 지난한 진화의 과정 속에서 형성된 고도로 복잡한 유기체인 동시에 불완전한 존재이다. 그래서 늘 불안하고 두렵다. 특히 죽음에 대한 두려움은 가히 충격적이기 때문에 불변의 시원을 찾아 '신(神)'을 만들고 그 안에서 구원을 받으려 애써 왔다. 이것이 천국이고 극락이고 윤회의 본질일지도 모른다. 이런 '나'를 이해한다고 하는 것은 환원적 접근으로는 불가능하다. 설령 깨진 도자기 파편 몇 개를 줍는다 하더라도 그것을 항아리로 사용할 수 없는 것과 같다.

한 개인의 삶은 전체성을 전제로 한 통합적인 접근만을 허락한다. 이런 관점에서 명상은 종교와 관계없이 우리 삶에 영혼을 울리는 좋은 도구가 될 수 있다. 명상은 우리의 몸과 마음을 하나로 통합하고 의식을 증진시켜 주기 때문이다.

인간으로서 최상의 삶을 산다고 하는 것은 시작과 끝이 없음을 확연하게 깨치고 매 순간 어디에서나 열린 현존을 사는 것이다. 이런 자의 삶은 완전한 실존이며 통합적이고, 자신의 운명에 대하여 100퍼센트 책임을 진다. 이런 자의 하루는 곧 일생과 같다.

성공적인 일터와 조직을 만들고 회사를 키워 나가는 것도 이러한 전체성과 통합적 접근이 전제되어야만 가능하다. 그 안에 어느 것 하나 간과할 수 없는 많은 요소들의 상호작용이 있기 때문이다.

경영학의 수많은 성공 요인들을 가져다 한 통에 모두 담는다 하더라도, 그것만으로는 성공의 본질을 충분히 설명할 수 없다. 일상에서 깨어 있는 마음과 실천이 역동적으로 살아 움직여야 한다. 경영의 장이 곧 삶의 장이고, 일상에서 내가 성숙으로 나아가는 수행의 장이어야 한다. 따라서 이제 경영자에게 의식의 문제는 무엇보다 중요한 당면 과제가 되었다. 개인의 의식 수준이 전제되지 않은 훌륭한 CEO와 훌륭한 회사는 만들어질 수 없는 시대가 되었기 때문이다.

뜯어 놓은 시계는 가지 않는다

지금까지의 경영학은 사람의 마음을 헤아리고 다루는 데 아주 서툴렀다. 인간에 대한 철학적 고찰이 결여된 채 생산의 수단으로서 토지나 자본과 같은 물질 차원의 요소로 간주되었기 때문이다. 하지만 21세기에 들어 인류의 의식은 빠르게 확장되었으며, 어디서든 온전한 주체로서의 역할을 요구하고 있다. 이것은 실로 엄청난 진전이다. 우리가 일터에서 개인의 마음을 살피고, 연민심으로 조직을 돌봐야 하는 이유가 여기에 있다.

만일 타인의 고통에 대한 공감력이 결여되어 있다면, 자애 명상과 연민 명상이 아주 효과적이다. 짧은 기간의 훈련만으로도 명상의 일반적 효과를 거둘 뿐 아니라, 타인을 이해하고 관계력을 증진시키는데 탁월하다. 이는 동시에 쉽게 흥분하는 문제의 감정 파수꾼 편도체를 뇌 안에서 정숙하게 하는 데 특효약이다. 이런 훈련들은 처음에는 의도적인 노력을 해야 하지만, 나중에는 노력이 필요 없는 상태로 가능하게 된다.

뜯어 놓은 시계는 가지 않는다. 마찬가지로 방황하는 마음은 온전한 내 삶을 담보할 수 없다. 시계가 단지 부속품들의 무더기가 아니듯이, 산만하게 흩어진 마음들은 태산만큼 쌓아 놓아도 단 한순간도 온전한 내가 아니다. 해체된 우주는 더 이상 우주일 수 없다. 전체이고 하나일 때, 그 속에서 무수한 가능성들이 서로 부딪히며 살아 숨 쉬는 생명력을 충동시킬 수 있다.

우리의 삶도 그렇다. 내 안에 있는 마음들이 하나로 개합하는 순간, 바로 여기, 지금 이 순간에 생명 충동들이 널뛴다. 바로 이것이다!

나는 11살 때 세상에 던져졌다. 지리산 중턱에서 자란 아이가 나 홀로 서울로 전학을 온 것이다. 당시 모든 것이 충격 그 자체였다. 그 후로 몇 년간 나는 '내가 있는 세상'과 '내가 없는 세상', 그리고 그 중간에 낀 '나'를 사유하기 시작했다. 그 밑바닥은 아마 낯선 이방인으로서의 '생존'이었을 것이다.

던져진 자가 던져졌다는 것을 아는 것은 엄청난 사건이다. 등학굣길을 오가며 고민을 하다가 전봇대에 부딪히기도 하고, 벽에 걸린 빨간 공중전화 부스에 머리를 박기도 했다. 그만큼 절실했다. 그런 나에게 명상은 내면으로 들어갈 수 있는 길을 열어 주었다. 내 안으로 들어가는 것은 온전한 나를 만나는 길이며 진정한 세계와 하나가 되는 것이기도 하다.

명상으로 얻어진 순수한 의식은 너무도 자연스럽게 세상 모든 것들과 친밀감을 형성해 준다. 식물들이나 조그만 곤충들까지도 절로 관심이 가고 자세히 관찰하며 친밀감이 형성된다. 이상하게 들릴지 모르지만, 나는 지나가다 식물들이나 곤충들에게 장난치고 말을 걸고 싶은 행위들이 자연스럽게 일어난다. 당연히 인간관계도 그렇다. 돌이켜 보면 명상을 시작한 이후로 학창 시절에 싫어하는 친구나 그런 관계로 고통을 받은 적은 없는 것 같다. 이것은 관계의 기술이 아닌 사람에 대한 연민심이 바탕에 자리했기 때문인 듯하다.

자신만의 길을 찾아가는 여정 : 명상

명상을 하면서 크고 작은 이치를 얻을 때면 내면에서 형언할 수 없는 기쁨이 솟아오른다. 그런 기쁨은 격동적이지 않고 지속된다. 어떤 경우는 하루 종일 때로는 며칠씩 절로 신이 나 있기도 하다. 이런 기쁨은 누구한테 이야기할 수도 없으며, 표현할 길도 없고 그냥 내면의 충만함으로 존재할 뿐이다.

어떤 때는 밥을 몇 끼 먹지 않아도 배가 고프지 않고, 그렇게 살 수 있을 것 같기도 했다. 그리고 하루 종일 입가에 미소를 머금고 다닌다. 내면의 기쁨들이 농축되면 일상에서 자연스러운 인상으로 드러나는 것 같다. 사람들이 나에게 무슨 좋은 일 있느냐고, 어떻게 늘 웃고 다닐 수 있냐고 묻는 것은 아마 이런 맥락에서인 듯하다.

우리는 어려서부터 남들과 비교하며 경쟁하는 속에서 자신을 규정하는 것에 익숙해져 있다. 하지만 명상을 통해서 내가 누구인지를 탐색하다 보면 그런 것들은 어느새 안중에도 없게 된다. 삶은 모두 자신만의 시험 문제를 가지고 있다는 것이 확연해지기 때문에 남의 답안지에 신경 쓸 일이 없는 것이다.

회사가 동네 슈퍼보다 작았을 때도, 돈이 없어 직원들 월급 줄 일이 걱정되었을 때도, 조그만 집에서 불편하게 전세살이를 할 때도 나는 곁눈질을 하지 않았다. 오로지 내 삶에 집중했을 뿐이다. 일찍이 명상을 통해 형성된 삶의 태도 중 하나는 누군가와 비교하지 않는 절대적 삶을 살게 된다는 것이다.

명상을 한 번이라도 체험해 본 사람은 마치 인생 친구를 얻은 것처럼 그 인연을 평생 가지고 간다고 생각한다. 아직 명상을 접해 보지 않은 사람은 꼭 기회를 마련해 보길 바란다.

처음 시작할 때는 낯설고, 섬큼 마음이 내키지 않을 수도 있다. 하지만 일단 시작하면 그 끌림을 놓을 수 없을 것이다.

명상은 자전거를 배우는 것과도 흡사하다. 아이들은 넘어지고 울면서도 포기하지 않고 다시 자전거에 올라탄다. 마찬가지로 명상에서 느끼는 몸과 마음의 깊은 이완은 자전거 안장 위에서 보는 세상처럼 포기할 수 없는 신선한 경험을 선사한다. 처음 자전거를 배울 때처럼 작정하고 명상을 시작한다면, 누구든 금방 명상의 첫 기쁨을 맛볼 수 있을 것이다.

대학생 때 나는 '손에서 1미터 밖으로는 책을 놓지 않는다'는 생활신조를 가지고 있었다. 그래서 외부에 사람을 만나러 가는 경우에도 항상 책을 휴대했고, 어디서든 기다리는 동안에는 책을 읽었다. 마땅한 장소가 없으면 종종 근처 화장실에 들어가서 책을 읽기도 했다.

지금은 어디든 한적한 곳이나 경치 좋은 곳에 가게 되면, 가장 먼저 명상을 하고픈 생각이 든다. 여건이 되어 가부좌를 틀고 앉으면 제일 좋지만, 그렇지 않고서도 상황에 맞는 다양한 방법으로 할 수 있다. 걷거나 머물거나 앉거나 누워 있을 때에도, 마음이 있는 순간, 알아채는 순간, 필요한 순간에 어디서든 할 수 있는 것이 명상이다. 조용히 눈을 감고, 호흡을 시작하고, 내 몸으로 주의를 가져오면 긴장된 몸은 자연스럽게 이완되고 의식은 부드럽게 열린다. 이렇게 명상이 익숙해지면, 한 번씩은 집중 명상에 들어가길 권한다. 하루든 사흘이든 일주일이든 상관없다. 농부가 한 철 농사를 끝내고 농기구를 손보러 대장간에 들어가는 것처럼 마음을 내면 좋다. 평소에 하는 명상이 일상에서 나를 균형 잡히게 하고 삶의 질을 올려준다면, 집중 명상은 내면 더 깊숙이 들어갈 수 있고, 시간 내내 더 순수해질 수 있으며, 더 큰 깨달음을 얻을 수 있게 해준다. 이것은 분명히 다른 경험이자, 의식의 수준을 향상시킬 수 있는 귀한 시간이 될 것이다. 훌륭한 라이프 스타일이란 바로 이런 것이다.

명상은 3,000년 이상의 오랜 역사만큼이나 다양한 전통과 방법들이 있다. 하지만 어떤 전통이든 올바른 명상이라면 지향하는 목표와 근본적인 수행 이론에 있어 상당 부분 공통분모를 지닌다. 따라서 굳이 특정한 명상 전통에 얽매일 필요는 없다. 다양한 방법의 명상을 체험해 보는 것이 결국 자신만의 길을 가야 하는 수행의 여정에 도움이 된다고 생각한다. 등산을 할 때 초입에서 들어가는 길은 여러 갈래여도 올라가면서 길이 서로 만나고, 정상에서는 하나가 되는 것과 마찬가지다. 특정한 방법에 천착해서 도그마에 빠지지만 않는다면 시간의 문제이지 우리는 정상을 향해 나아가게 되어 있다. 한 가지 경계해야 할 점은 어떤 신비한 현상이나 특이한 경험을 좇지 말라는 것이다.

사실 명상 과정에서 일어날 수 있는 이런저런 경험은 그때는 별거 같지만 모두 주관의 파편일 뿐이라는 것을 명심해야 한다. 길을 가다가 우연히 예쁜 꽃을 만난 것처럼, 따스한 눈길 한 번 주고 가벼운 마음으로 스쳐 지나가야 한다. 주저앉으면 안 된다.

내 마음의 가죽신

삶은 너무도 드라마같다. 사실은 수많은 조건들이 얽혀서 너무도 자연스럽게 흐른다는 것 자체가 각본으로는 엮을 수 없는 드라마인 것이다. 만약 그 길에 뜻밖의 행운을 마주하게 된다면, 우리는 이런 것을 확률적 우연이라고 하지 않고 내추럴 서포트(natural support)라고 불러야 할 것이다.

명상을 통해서 우리가 얻고자 하는 것은 자연히 흐르는 최고의 삶이다. 그것은 '있는 그대로' 볼 수 있는 지혜를 얻음으로써 우리를 속박하고 있는 다양한 고통으로부터 자유로울 때 가능하다.

지금 이 시대를 살아가는 경영자는 스스로 수행자의 길을 걸어야 하는 운명에 있는 것 같다. 하루가 다르게 빠르고 광폭적으로 변화하는 현실 속에서 살아남아야 하며, 동시에 자기 내면에 대한 깊은 통찰과 의식 확장이라는 미션을 수행해야 한다. 사실 후자는 개인의 삶과 일터, 그리고 진전된 사회로 나아가는 토양이 되기 때문에 더욱 중요하다고 생각한다. 하지만 이 길은 녹록지 않다. 때로는 자갈밭이고 때로는 가시밭길이다.

명상적인 삶을 산다는 것은 이런 거친 길을 가는 데 상처 없이 걸을 수 있는 내 발에 딱 맞는 가죽신을 준비하는 것과 같다. 이제 새로운 대 전환기 앞에 선 경영자들에게 험난한 세상 풍파를 견디고 나아갈 한 켤레의 가죽신이 꼭 필요하다. 그건 바로 그 무엇에도 흔들리지 않고 내면의 고요를 유지할 수 있는, 그 마음이다.

부록

일터에서
쉽게 할 수 있는
명상법

명상을 위한 환경과 자세

명상을 하는 장소는 조용하고 환기가 잘되며 너무 밝지 않은 곳이 좋다. 밖이 너무 시끄럽거나 공기가 탁하지 않다면, 문을 살짝 열고 하는 것도 좋다. 명상할 때 밖의 공기가 들어와 코끝과 피부에 닿을 때의 느낌은 명상할 때 누리는 큰 행복이기도 하다. 하지만 이런 환경이 아니더라도 명상을 하려는 마음과 의도가 더 중요하다.

두툼한 방석이 있으면 좋다. 그 위에 보조 방석을 놓아 다리보다 엉덩이가 높게 한다. 보조 방석이 없다면 방석 뒤를 접어 말은 후 앉으면 된다. 좌식이 불편하다면 의자에 앉아서 해도 좋다.

● **명상 자세**

모든 스포츠에 있어서 자세가 중요하듯이, 명상을 할 때도 자세가 중요하다. 자세가 흐트러지면 마음에도 영향을 주기 때문이다.

〈다리〉

다리는 결과부좌 혹은 반가부좌를 하는 것이 좋은데, 몸이 유연하지 않으면 이 자세가 불편할 수 있다. 그럴 경우, 한쪽 다리를 접어서 발뒤꿈치가 몸의 중심에 가볍게 닿을 정도까지 당기고, 다른 쪽 다리를 접어서 발뒤꿈치를 먼저 놓은 뒤꿈치와 같은 선상에

결과부좌

놓는다.

의자에 앉아서 할 경우에는, 양발을 지면에 붙이고 허리를 바로 세운 후에 팔은 무릎 위에 자연스럽게 올려놓은 다음, 몸의 긴장을 내려놓으면 된다.

〈팔〉

양손을 양쪽 무릎 위에 가볍게 놓는다. 이때 손바닥을 위로 해도 되고 아래로 해도 괜찮다. 혹은 몸의 중앙에 손을 가지런히 모아도 좋다. 한 손바닥을 아래에 놓고, 다른 손바닥을 그 위에 가볍게 포개어 놓는다. 이때 양 엄지를 가볍게 맞닿게 하여도 좋다. 팔로 상체를 지탱하려 하지 말고, 자연스럽게 내려놓는다는 기분으로 자세를 취한다.

〈허리〉

허리를 세우는 것이 중요하다. 목과 온몸의 긴장을 푼 상태에서 허리만 바로 세우면 훌륭한 명상 자세가 된다.

〈눈〉

눈은 긴장을 풀고 정면을 바라본 상태에서 감아도 좋고 반쯤 떠도 좋다.

〈턱〉

턱과 입 주변의 근육을 이완시킨다.

〈머리와 어깨〉

머리와 어깨에 힘을 뺀다. 충분히 힘을 빼서 머리의 무게가 느껴질 정도면 좋다.

자세를 잡았으면, 다음의 포인트를 확인해 보며 점검한다.

- 좌우, 앞뒤 균형이 잘 맞는가? (허리를 천천히 돌리며 확인한다.)
- 허리는 곧게 폈는가?
- 허리 위 상체의 긴장은 충분히 이완되어 있는가?
- 침을 삼켰을 때 목에 불편함은 없는가?
- 명치에 긴장감은 없는가?
- 전체적으로 편안한가?

몸에 대한 알아차림

● 이완하기

현대인은 이전 시대 사람들보다 긴장 속에서 살고 있다. 우리가 하는 고민 중 많은 부분이 지나친 긴장에서 온다. 명상을 지도해 보면 공통적으로 처음에 힘들어하는 것이 있다. 바로 지나치게 잘하려고 애쓰는 것이다. 몸과 마음이 긴장되어 있는데, 거기에 애를 보태니 더욱 긴장하게 된다. 그래서 현대인에게는 명상을 하기 전 충분히 이완하는 것이 필요하다. 이완에 도움이 되는 '등 고임'과 '보디 스캔' 방법을 소개한다.

〈등 고임〉

수건을 말거나 방석을 접거나, 혹은 낮은 베개(처음에는 대략 5센티미터에서 시작하여 시간을 두고 조금씩 높여 간다)를 명치 반대쪽(흉추 5, 6, 7번) 등에 두고 대자로 눕는다.

편안하게 이완한다. 목은 자연스럽게 뒤로 젖혀 힘을 뺀다. 목을 두세 차례 천천히 좌우로 돌리며 긴장을 푼다.

다리는 어깨 너비만큼 벌린다. 의식은 한곳에 집중하기보단 몸 전체의 느낌을 바라본다. 명치와 갈비뼈 부위가 이완되어 가는 느낌을 느낀다. 호흡이 명치와 갈비뼈 사이로 들어온다고, 그리고 날숨에 온몸의 긴장이 발끝으로 빠져 나간다고 마음으로 상상하면 좋다.

생각이 떠오르면 생각을 알아차리고 내려놓으며 몸의 감각으로 돌린다. 호흡은 자연 호흡. 시간은 10분에서 시작해서 익숙해지면 조금씩 늘려간다. 편안한 음악을 들으며 해도 괜찮다. 일어날 땐 옆으로 돌아누웠다가 상체부터 일으키며 천천히 일어난다.

〈보디 스캔〉

이완에 도움이 되는 대표적인 방법이다.

자리에 대자로 편안하게 눕거나, 그럴 수 없으면 의자에 등을 대고 앉는다. 온몸에 힘을 빼고 눈을 감는다.

몸 전체의 느낌을 느껴 본다. 불편하거나 경직된 부위가 있다면 가볍게 긴장을 풀어 놓는다. 목과 다리를 살랑살랑 흔드는 것도 좋다.

코로 숨 들이마시고 '후' 편안하게 내쉰다. 그다음, 코로 들이마시고 코로 내쉬면서 자연 호흡을 한다.

이제 주의를 정수리로 가져간다. 정수리에 느껴지는 감각을 느껴본다. 잠시 느껴본 후에 주의를 차례차례 옮겨 간다.

주의를 이마로, 이마 피부의 느낌, 그 안쪽의 느낌으로 옮겨 본다.

그다음, 주의를 눈으로 옮긴다.

이제 턱으로 옮긴다. 턱에 긴장감이나 굳은 느낌이 느껴진다면 부드럽게 턱을 움직이며 그 느낌의 변화를 느껴 본다. 이런 식으로 몸 전체를 마음의 눈으로 스캔하는 것이다.

순서는 정수리부터 점점 아래쪽으로 내려가는 것이다.

- 정수리 → 이마 → 눈 → 턱 → 가슴과 등 → 명치 → 배 → 엉덩이 → 왼발 → 오른발

다 스캔했으면 이제 다시 몸 전체의 느낌을 느껴 본다. 크게 숨을 들이마시고 '후'하고 내쉰다. 준비가 되었으면 눈을 천천히 뜬다.

마음은 지금 이 순간에 머물 때 고요하고 행복해진다. 보디 스캔은 우리 몸에 일어나는 감각을 이완하며 알아차리는 것이다. 이를 통해 마음챙김의 기초를 다질 수 있다.

이완이 충분히 되었으면 본격적으로 명상을 할 차례다.

1. 호흡 세기(수식관)

육체 운동에 팔 굽혀 펴기가 있다면, 명상에는 호흡 세기가 있다. 가장 간단하면서도 언제 어디서든 할 수 있는 기초적인 마음 운동이다.

호흡 세기는 전통적으로 수식관(數息觀)이라는 이름으로 알려

져 왔다. 호흡을 관찰하면서 호흡의 숫자를 마음속으로 세는 방법이다. 내면으로 향하는 여정에서 먼저 지나가게 되는 것이 외부 세계와 자신의 몸에 대한 알아차림이다. 수식관은 가장 기본적이고 간단한 명상이면서도, 우리의 인식을 호흡에 바탕을 두게 함으로써 정신적, 충족감을 주고 마음의 중심을 잡아 주는 효과가 있다.

물질과 육체는 에너지 가운데 가장 실재적이어서 우리가 쉽게 알아차릴 수 있다. 이를 통해 알아차림의 힘을 강화하고 의식을 섬세하게 만들면, 그다음으로 느낌, 감정, 생각, 의도 등 비실재적인 에너지에 대해 알아차릴 수 있다.

필자는 일본 유학 시절, 좌선에 심취해 매주 금요일마다 대학 캠퍼스 옆에 있는 작은 절에 찾아가 좌선을 한 적이 있다. 그때마다 한 것이 수식관이었다. 방석 위에 앉아 자세를 바로하고 그저 호흡의 숫자를 묵묵히 세는 것이다.

가만히 앉아 있으면 절 마당에 주지 스님이 심어 놓은 화초들의 은근한 향이 코에 느껴지고, 고요한 정적 속에서 새들의 지저귐이 평안하게 들려왔다. 좌선을 하고 나면 마음이 편해지고, 생각이 맑아지곤 했다. 좌선을 하면 왜 이렇게 마음이 편안해질까 의아했으나 그 이유에 대해서는 깊이 생각해 보지 않았다. 나중에 미국의 어느 정신과 전문의가 쓴 명상에 관한 책을 읽으며, 그 이유가 호흡에 대한 알아차림이 가져다주는 충족감이라는 것을 알게 되었다.

수식관의 방법은 다음과 같다.

> 1) 몸의 긴장을 풀고 자연스럽게 호흡을 한다.
>   호흡을 하면서 숨이 들어오고 나가는 것을 관찰한다.
>   숨이 들어오고 나갈 때, 마음속으로 '하나'를 센다.
>
> 2) 숨이 들어오고 나갈 때 다시 '둘'이라고 마음속으로 센다.
>   같은 방식으로 셋, 넷, 다섯… 열까지 센다.
>   열까지 세었으면 다시 하나부터 시작한다.
>
> 중요) 호흡의 수를 세는 동안 다른 생각에 빠져서 호흡수를 잊었다면 '내가 생각을 하고 있구나'라고 알아차리고, 다시 '하나'부터 호흡을 센다. 이때 자신을 비난하지 않는 것이 중요하다. '그래', '그랬구나', '그럴 수도 있지'라고 따뜻하게 다독인다.
>   다시 호흡으로 돌아온다. 처음에는 열까지 가기가 쉽지 않으나, 점차로 집중력이 향상되어 호흡수를 정확하게 바라볼 수 있다.

많이 지쳤을 때는 호흡을 셀 에너지마저 없을 때도 있다. 그때는 그저 눈을 감고서 방석 혹은 의자에 묵묵히 앉아 있는 것도 좋은 방법이다. 마음이 너무 산란해서 가만히 있는 것조차 힘들다면 좋아하는 음악이나 팟캐스트를 틀어 놓아도 괜찮다.

눈을 감고 몸에 힘을 빼고 허리를 곧게 세우고만 있어도 된다.(그것도 힘들면 대자로 누워서 해도 괜찮다.) 점차 마음이 가라앉고 호흡과 맥박이 안정을 되찾는 것이 느껴질 것이다.

2. 호흡 바라보기

호흡 세기를 통해 기초적인 마음의 힘을 키웠다면, 이제는 호흡을 바라볼 차례다. 왜 호흡일까? 호흡은 늘 우리 곁에 있고 언제나 확인할 수 있으며, 우리 상태에 따라 가장 민감하게 변하는 감각이기 때문이다.

호흡 바라보기의 방법은 다음과 같다.

> 1) 허리를 곧게 세우고 눈을 감는다.
>   허리를 세우는 이유는 자세가 바르게 되면 횡격막의 움직임이 원활해져 산소가 잘 흡입되어 정신이 맑게 깨어나기 때문이다.
>
> 2) 내 몸의 전면부에서 느껴지는 호흡을 관찰한다.
>   가슴이나 배에서 호흡에 따라 오르내리는 몸의 움직임을 느낄 수 있다. 이때, 처음에는 호흡을 편안하게 느끼거나 호흡하고 있음을 알아차리면 된다.

처음에는 호흡이 잘 느껴지지 않을지도 모른다. 아직 호흡의 감각이 깨어나지 않아서다. 하지만 편안하게 여유를 가지고 반복하다 보면 호흡에 따른 감각들이 깨어나고 느껴지기 시작한다.

잘 느껴지지 않을 경우, 가슴이나 배에 가볍게 손을 얹어 놓아도 좋다. 태어나서 처음으로 눈을 뜬 아이처럼 나의 호흡을 바라본다. 지금 여기에 있는 그대로 들숨과 날숨을 온전히 느껴본다. 숨이 일으키는 느낌, 숨의 길이, 사라지는 느낌을 느낀다.

다른 생각에 빠지면 호흡 감각을 놓치게 된다. 그럴 때는 부드럽게 알아차리고, 다시 감각으로 돌아온다. 부드럽게 알아차린다는 것은 '아, 난 왜 이 모양이지? 잠깐 다른 생각을 했네'라고 자책하거나 스스로를 비난하지 않는 것이다. '아, 그랬구나'라고 손자에게 말하는 할머니의 마음처럼 부드럽게 하는 것이다.

감각과 느낌에 대한 알아차림

호흡에 대한 바라보기가 되었다면, 보다 섬세한 감각과 느낌에 대해 알아차리는 단계이다. 감각들을 더욱 섬세하고 강하게 바라보면 그 안에 무수한 작은 느낌들이 있고, 끊임없이 변화하고 있음을 발견할 수 있다. 그것을 발견하게 되면 명상이 재미있어지고, 더디게만 가는 것 같던 시계가 빨리 가는 것처럼 느껴진다.

감각과 느낌에 대한 알아차림의 방법은 다음과 같다.

> 1) 숨을 자연스럽게 들이쉬고 내쉬면서 배의 안쪽에서 일어나는 느낌의 변화를 알아차린다. 신체의 다른 부위에서 보다 뚜렷한 느낌이 있으면 주의를 옮겨서 그 느낌을 관찰한다.
> 가령 어느 부위가 처음에는 그저 아프다고 느껴지던 것을 세심하게 관찰하면 느낌이 다양하게 변화하며, 약해지다가 사라지는 과정을 볼 수 있다.

> 2) 그 느낌을 관찰하고 있는 도중에 그것보다 더 강한 느낌이 드는 곳이 있
>   다면, 다시 그쪽으로 주의를 옮긴다.
>   예를 들어 어깨 통증의 강도가 '4' 정도였는데, 볼에서 느껴지는 간지러
>   움의 강도가 약 '6'이라면 볼의 간지러운 부분으로 주의를 옮겨 느낌을
>   관찰한다.

감각 관찰은 세밀할수록 좋다. 예를 들어 '아픈 느낌'이라고 대략적으로 관찰하기보다는, 바늘로 찌르는 듯한 통증 혹은 양쪽에서 잡아당기는 듯한 아픔, 혹은 꺾이거나 접히는 듯한 아픔인지 정확히 보는 것이 좋다.

그리고 그 감각 속에서 내가 좋아해서 끌어당기고 있는지, 싫어해서 밀어내고 있는지를 관찰한다. 아무리 복잡해 보이는 컴퓨터의 화면이나 디지털 음악도 '0'과 '1'로 이루어져 있듯이, 우리 마음의 구성도 분해해 보면 좋아하는 느낌과 싫어하는 느낌의 두 가지로 이루어져 있기 때문이다. 느낌 알아차림에서는 그 두 가지 힘을 바라보는 것이다.

chapter 3에서 이야기했던 조지 멈퍼드는 편두통 때문에 명상을 시작하게 되었다. 편두통이 시작되면 이전에는 약을 먹거나 '아, 또 시작이구나'라는 생각에 긴장을 심하게 했다. 그러나 긴장하고 애를 쓸수록 근육이 수축되며 산소가 공급이 안 되고, 그러면 다시 통증이 더 심해진다는 걸 알게 되었다.

그래서 편두통이 시작되면 한 걸음 물러나 심호흡을 하며 통

증을 바라보았다. 명상 전 편두통에 시달릴 때는 하루 종일 고통 속에 있다고 느꼈는데, 명상을 통해 편두통을 면밀히 알아차렸더니 거기에는 통증이 생기고 증가하고 머물다 사라지는 것들이 보였다. 예전에는 통증과 나 자신을 동일시했지만, 명상을 한 후에는 통증과 나 사이에 간극을 두고 볼 수 있게 된 것이다.

생각 알아차림

이제는 마음의 움직임을 바라볼 차례다. 여러 가지 일어나고 사라지는 생각들, 감정들, 의도들을 알아차리는 것이다.

먼저 생각의 알아차림이다. 생각 알아차림은 명상을 하다 보면 자연스럽게 하게 된다. 호흡을 바라보다가 어느 순간 자연스럽게 빠져드는 것이 생각이기 때문이다. 대체로 이런 생각들 중 하나일 것이다.

- 몇 분이나 했지?
- 저녁은 뭐 먹지?
- 아까 김 대리에게 이렇게 말할걸. 왜 이제야 생각나는 걸까? 지금 와서 이게 무슨 소용이람.

잘 살펴보면 생각에는 공통점이 있다. 미래 혹은 과거와 관련된 것이라는 것, 그리고 항상 반복되는 레퍼토리가 있다는 것이다. 아마 이름을 붙인다면 대개 10개 내외가 되지 않을까?

생각을 하는 것과 생각을 알아차리는 것은 무슨 차이가 있을까? 예를 들어 '난 쓸모없는 인간이야'라고 생각하는 것과 '난 쓸모없는 인간이다, 라고 지금 생각하고 있어'라는 것에는 큰 차이가 있다. 후자는 이미 그 생각의 흐름에서 어느 정도 벗어난 상태이기 때문이다.

생각 관찰의 또 다른 좋은 점은, 생각을 통해 그 밑에 깔려 있는 다양한 마음을 볼 수 있다는 것이다. 모든 생각에는 느낌, 감정, 욕구, 의도가 깔려 있다. 예를 들어 명상을 하다가 떡볶이 생각이 났다면 거기에는 맛있고 자극적인 음식에 대한 욕구가 깔려 있는 것이다. 몇 년 전에 들었던 어떤 말이 떠올랐다면 거기에는 그 말에 대한 싫은 느낌, 상대에 대한 해소되지 않은 분노가 깔려 있을 수 있다. 또는 내일 할 발표에 대한 생각이 떠올랐다면 거기에는 불안이 있을 수 있다.

자녀 교육에 관해 걱정이나 두려움이 있다면 그것은 내게 아이가 잘 크게 도와주고 싶다는 강력한 욕구가 있음을 알려 준다. 그때 불안이나 두려움에 사로잡혀 꼬리에 꼬리를 무는 생각에 빠지기 쉽다. 이때, 잠시 멈추어 서서 그 생각을 바라본다. 그리고 '아이가 잘되었으면 하는 바람이 내게 이처럼 크고 간절하구나' 하고 더 깊은 마음을 알아차린다. 그러면 그 불안은 조금 가라앉고,

나의 간절한 마음에 더 집중할 수 있게 된다. 그 마음에서 또 다른 해결책이 생각나기도 한다.

이처럼 어떤 생각이 떠올랐을 때 거기에 묻어 있는 느낌, 감정, 욕구 등을 알아차리면 그 생각에서 조금은 거리를 둘 수 있다. '내가 이처럼 실수를 두려워하는구나', '그 말이 내게 깊은 상처가 되었구나', '나는 정말 성공(성장)하고 싶어 하는 구나' 등 자신에 대해서도 더 깊이 이해할 수 있다.

● 간절함에 대하여

앞의 '생각 알아차림'에서 어떤 생각 밑에는 간절함이 있을 수 있다는 것을 보았다. 간절함은 우리를 강력하게 추진하는 위대한 힘이다. 그런데 간절함을 향해 갈 때 주의해야 할 점이 하나 있다.

간절함을 품으면 내 안에서 압력이 높아지기 시작한다. 그런데 압력이 커질 때 잘 지켜보지 않으면, 중간에 옆으로 새어 버릴 수 있다. 압력이 새면 압력 밥솥의 밥이 설익듯 에너지가 응축되지 않는다. 옆으로 새어 버리는 대표적인 구멍이 자책, 원망, 생각 많음이다.

자책은 자신을 비난하는 일이다. 무언가 꼭 달성하고픈 것이 있는데 자신이 너무 초라하고 못나 보이는 것이다. '왜 난 이 모양일까?', '왜 나는 예전에 이런 걸 해 두지 않았을까?' 등 다양한 형태로 자신을 비난하고 괴롭힌다.

그다음은 원망이다. 원망의 대상은 주로 가장 가까이 있는 사람이다. 간절함이 커질수록 원망이 커지게 되면, 소중한 사람과의 관계가 나빠질 위험성도 생기므로 조심해야 한다.

마지막으로는 다사(多思), 즉 생각이 많아지는 것이다. '이러면 어떨까?', '저렇게 되면 어떻게 하지?' 등 닥치지도 않은 먼일들을 눈앞으로 가져와 걱정했다가 희망에 부풀었다를 반복한다. 그러면서 시간과 에너지들을 낭비한다.

이런 옆길들을 잘 막고 간절함의 압력을 내면에서 점점 더 높이는 것이 중요하다. 그 압력을 버텨 내는 것 역시 마음의 힘이며, 이를 버틸수록 마음의 근육이 자라난다. 그리고 그 힘으로 압력을 높은 차원으로 한 단계 끌어올릴 수 있다. 지금 나의 간절함은 무엇인가? 그것을 지금도 잘 품고 있는지, 아니면 자책이나 원망, 생각으로 간절함을 흩트리고 있는 건 아닌지 잘 살펴보면 좋겠다.

일터에서 할 수 있는 명상들

이제부터 일터에서 잠깐 시간을 내어 할 수 있고, 에너지와 평안한 마음을 얻을 수 있는 명상 방법들을 소개하고자 한다. 짧은 시간에 효과를 얻기 위해서는 외부 세계와 몸의 감각에 대해 알아차림을 하는 방법이 효과적이다. 외부 세계로 향해 있던 거친 의식들이 이를 통해 잠시 내면으로 향하면서 섬세해지기 때문이다.

1. 기지개 켜기

자리에서 일어나서, 혹은 자리에 앉아서 허리를 펴고 기지개를 쭉 켠다.

기지개를 켜면서 몸의 관절, 근육들이 시원하게 펴지는 감각을 집중해서 느껴본다.

2. 업무 시작 전 명상

자리에 앉아 심호흡을 한다.

내 몸의 감각을 느끼고 잠시 오늘 하루를 어떻게 보내고 싶은지 생각해 본다.

얼굴에 미소를 지으며, 마음속으로 미소 짓고 있는 내 모습을 떠올린다.

3. 발바닥 느껴 보기

회의실이나 화장실로 이동하는 도중에 할 수 있는 명상법이다.

평소보다 약간 천천히 걸으면서 몸 전체의 감각을 느껴 본다.

그리고 집중의 대상을 발바닥 쪽으로 옮겨서 발바닥에 전해지는 감각, 압력들을 느껴 본다.

긴장이 되거나 생각이 많을 때일수록 에너지가 위로 향하게 되는데(상기), 이때 감각을 몸의 아래쪽에서 느껴 보는 것이 좋다. 복부나 발바닥 등 몸의 아랫부분에 주의를 잠깐 두는 것이 이것을 완화시킬 수 있기 때문이다.

너무 생각이 많거나 긴장이 될 경우에는 이조차 잘 안될 경우가 있다. 그럴 때에는 그만큼 '나의 주의, 에너지가 상체로 향하고 있구나. 생각이 많구나. 긴장하고 있구나'를 알아차린다. 그리고 가장 간단한 명상인 세 번의 심호흡으로 대체한다.

4. 5분 눈감고 쉬기

일상에서 잠시 시간이 날 때 할 수 있는 마음 훈련이다. 시간이 나면 5분 동안 눈을 감는다. 그러고는 잠시 그냥 있는다. 그냥 눈을 감고 편안하게 있어도 괜찮다.

나는 매일 업로드되는 5분짜리 팟캐스트를 틀어 놓고 듣는다. 내용은 들어도 좋고 귀담아 듣지 않아도 좋다. 그저 허리를 바로 세우고 눈을 감고 잠시 앉아 있는다는 것이 중요하다. 바쁜 일상에서 이렇게 잠시 쉼표를 찍으면 몸과 마음이 편안해지고 이완이 된다.

5. 세 번의 호흡

5분의 시간조차 없다면 세 번의 호흡이라도 하면 좋다.

엘리베이터를 기다리는 동안, 혹은 운전하다가 신호등 앞에서 등 잠깐 틈이 날 때 심호흡을 세 번 해 보는 것이다.

심호흡을 하며 숨이 내 몸에 들어오는 감각, 나가는 감각을 느껴 본다. 심호흡을 하기 전과 세 번의 심호흡이 끝난 후 내 몸과 마음의 감각이 어떻게 변했는지를 잠시 살펴본다.

짧은 시간에 할 수 있는 호흡 연습

1. 입술 오므리고 날숨 길게 하기

바르게 앉아 배와 어깨를 이완한다.
마치 풍선이 배에 있다고 생각하고, 내쉴 때는 배가 꺼지고 들이마실 때는 배를 부풀게 하여 횡격막이 움직일 수 있도록 한다.
폐가 비었다고 생각될 때까지 날숨을 충분히 내쉰다.
다시 크게 들이쉬고, 부드럽게 내쉬며 반복한다.
신경을 빠르게 안정시킬 수 있는 호흡법이다.

2. 결 호흡

바르게 앉아 배와 어깨를 이완한다.
코로 부드럽게 5.5초 숨을 들이쉰 다음, 5.5초 내쉰다.
정확한 시간을 재기 어려울 경우, 처음엔 다섯 들이쉬고 다섯 내쉬고, 익숙해지면 여섯 들이쉬고 여섯 내쉰다.

호흡 전문가들에 의하면 이 결 호흡이 인간의 가장 이상적인 호흡 형태라고 한다.

3. 박스 호흡(Box Breathing)

결 호흡에서 중간에 호흡 중지를 넣어서 하는 방법이다.
바르게 앉아 배와 어깨를 이완한다.
코로 부드럽게 5초 숨을 들이쉰 뒤, 5초 중지하고, 다음 5초 내쉰다.
익숙해지면 날숨 이후에도 5초 중지한다.
즉 '5초 들숨-5초 중지-5초 날숨-5초 중지'를 부드럽게 반복하는 것이다. 5초가 네 번 반복되어, 그림을 그려 보면 정사각형 박스 모양이 되기에 박스 호흡이라고 한다.
미국 해군 특수부대에서 군인들이 높은 스트레스 상황에서 평정을 유지하고 휴식을 취할 수 있도록 고안하여 보급한 호흡법이다.

다양한 명상법

1. 생각 끊기 명상

생각할 때 우리 몸의 감각을 세밀히 느껴 보면, 우리 몸통을 서서히 긴장시키며 생각을 짜내고 있음을 알 수 있다.

반대로 몸이 긴장되어 있을 때는 내가 의도하지 않아도 생각이 새어 나온다. 생각에 빠져 있을 때 호흡을 관찰해 보면 들숨을 거의 쉬지 않고 날숨만 아주 미세하게 내쉬고 있음을 알 수 있다.

그럴 때 심호흡을 크게 해 본다. 몸을 가볍게 두들기면서 몸에 쌓인 긴장을 풀어낸다. 그래도 긴장이 잘 풀어지지 않는다면 자리에서 일어나 잠시 걸어 본다. 이때 발바닥의 감각을 느끼면 도움이 된다. 이완이 잘되면 생각의 가짓수가 점점 적어진다. 이완과 생각의 관련성을 생각해 볼 때, 최고의 무념무상은 모든 긴장과 애씀이 놓인다면 찾아오는 것이리라 추측해 볼 수 있다.

2. 걷기 명상(행선)

움직이면서 하기 때문에 행선(行禪)이라고 한다.

두 손을 앞이나 뒤로 모아 잡아 흔들리지 않게 하고, 시선을 3~4미터 앞을 보면서 천천히 걸으면서 한다.

처음에는 보통 걸음으로 조금 천천히 걸으면서 오른발을 내딛으며 '오른발'하고 마음속으로 말하며 오른발을 내딛고 있음을 알아차린다. 왼발도 이와 같이 마음속으로 '왼발' 하면서 왼발을 내딛고 있음을 알아차린다.

이것에 익숙해지고 마음이 집중되면 다음 단계로 나아간다.

다음은 아주 더 천천히 걸으면서 양쪽 발의 움직임을 3단계로

'듦', '나감', '놓음' 하면서 발의 움직이는 과정과 동작에서 오는 느낌들을 하나하나 주의 깊게 주시한다. 이때 발목 아랫부분에서 느껴지는 신체 감각, 특히 발바닥에서 일어나는 느낌들을 집중적으로 마음챙김 한다.

걷다 보면 마음의 움직임이 일어난다. 천천히 걷는 것이 지겨워지기도 하고, 다리가 아파 쉬고 싶다는 생각이 들기도 한다. 이때 지겨워지면서 함께 일어나는 싫어하는 마음(진심)을 알아차린다. 쉬고 싶은 생각이 들 때는 그 밑에 있는 쉬고 싶은 마음(탐심)을 알아차린다. 알아차린 후에 그 마음이 사라져 가는 것을 관찰한다.

3. 미룸에 대한 명상

코칭을 하다 보면 이런 고민을 자주 듣게 된다. "기한이 정해진 업무를 하려고 하면 자꾸 미루게 되고 피하게 된다. 다른 짓거리를 하면서 시간을 보내다가 마감이 바로 코앞에 닥치면 어쩔 수 없이 허겁지겁하곤 한다. 이런 반복된 행동을 고치고 싶은데 잘 안 된다" 등이다.

우리는 왜 중요한 일을 앞두고 '딴짓'을 자꾸 하게 될까? 그건 첫 번째로 집중과 관련이 있다.

중요한 일은 우리에게 고도의 집중력을 요구한다. 하지만 일상적인 우리의 집중 상태는 매우 낮은 정도에 머물러 있다. 낮은 층에서 갑자기 높은 층으로 올라가자니 힘이 들고, 그러다 보니 자꾸 피하고 싶은 마음이 생긴다.

집중이라고 하면 긴장을 생각하기 쉬운데, 집중 가운데 긴장을 통한 집중은 질이 낮은 긴장이다. 고품질의 집중은 '이완 속의 집중'이다. 이완된 집중을 하는 방법은 다음과 같다.

---

1) 주변을 간단히 정리한다.
 수행자의 공간은 항상 정리 정돈이 잘되어 있는데, 그것은 집중과 정리 정돈이 밀접한 관련이 있기 때문이다. 책상을 가볍게 닦아도 좋다.

2) 심호흡을 한다.
 숨을 내쉬면서 온몸의 긴장을 함께 내뿜어 버린다고 생각한다.
 심호흡 후에 잠시 눈을 감고 고요함을 느껴 본다.

3) 일을 하고 있는 내 모습을 이미지로 그려 본다.
 일이 다 끝난 후에 느껴지는 홀가분함과 뿌듯함도 가슴에서 느껴 본다. 그리고 천천히 눈을 뜬다.

집중력을 높이지 않은 상태에서 곧장 중요한 업무나 공부로 뛰어드는 건 준비 운동을 충분히 하지 않고 다이빙을 하는 것과 마찬가지다. 운동을 할 땐 준비 운동을 하면서, 왜 일이나 공부를 할 땐 그렇게 하지 않은지 모르겠다. 이 명상법을 잘 활용하면 미룸을 예방하는 데 큰 도움이 될 수 있다.

4. 대화 명상

명상을 함으로써 자신의 내면에 있는 에너지와 지혜를 발견하고 활용할 수 있게 되었다면, 이제 그 에너지와 지혜로 다른 사람과 조직에 긍정적 에너지를 나누어 줄 차례이다. 이는 다른 사람들이 자신의 내면에 있는 에너지와 지혜를 발견할 수 있도록 도움으로써 가능하다.

우리는 많은 시간을 다른 사람과 대화를 하면서 보낸다. 코칭 대화를 배우면서 바로 코칭이 명상적 대화라는 것을 알 수 있었다. 집중의 대상이 호흡이나 내면의 감각이 아닌, 바로 대화라는 것만 바뀔 뿐이다.

명상과 코칭은 서로 비슷한 점이 많다. 명상이 자신의 내면으로 들어가 자신에 대한 알아차림의 폭과 깊이를 확대해 가는 과정이라면, 코칭은 대화를 통해 상대방이 세상과 자신에 대해 알아차림의 폭과 깊이를 확대하도록 돕는 것이다.

그런 관점에서 명상은 자신에게 하는 셀프 코칭이며, 코칭은 대화를 통해 이루어지는 명상이다. 구체적인 우리의 삶, 특히 대화 속에서 명상을 구현한 것이 바로 코칭인 것이다.

명상에서 모든 경험과 느낌에 대해 있는 그대로 알아차리고 수용하는 것이 중요했듯이 코칭에서도 상대방을 있는 그대로 알아차리고 수용하는 것이 중요하다. 수용은 지금 이 순간의 모습 그대로 기꺼이 상황을 받아들이는 것이다. 유쾌한 경험뿐만 아니라 고통스러운 경험까지도.

우리가 어떤 사람을 변화시키고자 할 때는 먼저 그 사람의 존재, 그 사람의 견해, 감정을 수용해야 한다. 그래야만 그 사람이 스스로 내면에 있는 에너지와 지혜를 발견할 수 있다. 마치 우리 자신이 경험하는 모든 느낌, 감정에 대해서 수용할 때 자신의 내면의 에너지, 지혜에 한 발짝 더 가까이 다가가게 되는 것과 같다. 그런 후에 우리가 바라고자 하는 변화에 대해 논의해야 한다. 이렇듯 코칭은 먼저 상대에 대한 철저한 수용, 그리고 그 이후 수용에 바탕을 둔 변화의 모색으로 이루어져 있다.

5. 듣기 명상

경청이란 대화를 통해 상대방에 대해 더욱 깊이 알아차리고, 있는 그대로의 모습을 수용하는 것이다. 그리고 그것을 통해 상대방이 스스로에 대해서 더욱 깊이 알아차리도록 돕는다. 세상에서 가장 쉬운 일은 다른 사람에게 충고하는 것이고, 가장 어려운 일은 다른 사람의 말을 진심으로 듣는 것이다.

팀장인 C 씨는 코칭을 배울 때부터 매우 열심히 필기하고 실습에 참여한 모범생이었다. 그러나 코칭의 실행에는 많은 어려움이 있다고 수업 시간에 토로했다.

"'팀원의 이야기를 들어봐야지' 하는 마음을 먹고 대화를 시작하는 것까지는 문제없습니다. 그런데 이야기를 듣다 보면 팀원의 이야기에 집중을 잘하지 못하겠어요. 어떤 때는 다른 생각을 하고 있다가 이야기를 놓치기도 하고요. 또 어떤 때는 이야기를 듣다가 내가 이야기하고 싶은 충동을 참을 수 없어서 중간에 다른 사람의 말을 끊어 놓고 제 얘기를 실컷 합니다. 그리고 '아차, 또 실수했구나!'라고 생각하게 돼요."

C 씨의 고민은 숙련된 코치들도 코칭 시에 늘 겪는 어려움 중 하나이다. 즉, 상대의 이야기를 듣다가 다른 생각을 하게 되거나, 아니면 그 이야기가 나의 생각이나 감정을 자극해서 이야기를 중간에 끊고 내가 이야기를 하게 되는 경우이다. 이때 도움을 줄 수 있는 방법이 바로 마음챙김이다.

마음챙김은 지금 나에게 일어나고 있는 생각, 감정 등을 일어나는 순간 있는 그대로 알아차리는 것이다. 경청할 때 마음챙김을 하게 되면, 다른 생각을 하는 순간 '아, 내가 다른 생각을 하고 있구나'라고 알아차리고 다시 이야기로 돌아오게 된다. 혹은 어떤 감정, 의지에 대해서도 알아차리고, 거기에 끌려다니지 않으며 다시 중심을 잡게 된다.

상대가 말할 때, 자신의 감각과 의식에 떠오르는 것을 있는 그대로 알아차리고 흘려보낸다. 주의가 흐트러지면 알아차리고 다시 상대의 말에 집중한다. 마치 명상할 때 다른 생각을 하다가 알아차리고 다시 호흡으로 돌아오는 것처럼, 코칭에서는 그 돌아옴의 대상이 호흡이 아니라 상대의 말로 바뀌었을 뿐, 원리는 똑같다.

"상대 말에 집중하느라 내가 할 말이 생각 안 나면 어떡하죠?"라는 질문을 많이 받는다. 걱정할 필요가 없다. 상대의 말을 들으며 내게 떠올랐던 생각, 감각, 느낌들을 알아차리고, 그것을 언어로 전달해 주면 된다.

또한 상대방의 표정, 음색의 변화, 에너지의 변화에 대해 알아차리려고 노력하는 것이 중요하다. 그러한 노력을 하다 보면 상대방이 하는 말이 단순한 지껄임이 아니라 하나의 오케스트라처럼 느껴질 때가 있다. 그리고 그 순간은 다음에 내가 말할 차례를 기다리는 지루한 순간이 아니라, 한 존재에 대해 알아가는 재미있고 경이로운 여행의 시간으로 변하게 된다. 그러면 대화 자체가 마음 챙김 명상의 시간이 된다.

경청할 때는 묵묵히 들어주는 것만으로도 좋은 태도이기는 하나, 보다 깊은 대화로 나아가기 위해서는 상대의 이야기에 공감하고 공명하는 것이 필요하다.

공감이란 상대방이 지금 갖고 있는 감정, 생각에 대한 알아차림이다. 코치가 공감을 하고 그것을 언어로 표현하게 되면 상대방은 '아, 내가 그런 생각을 하고 있구나', '내가 그런 느낌을 갖고 있구나'라는 알아차림이 생기게 된다.

그다음으로 감정에 대한 공감이다. 감정에 대한 공감에는 먼저 표면에 드러난 감정에 대해서 알아차리고 표현해 주는 것이 있다. 더 깊은 차원의 공감은 상대방이 이야기하지 않았지만 그 밑에서 느꼈을 감정까지 알아차리고 표현함으로써 이루어진다.

공감은 일종의 공명이다. 내 자신을 상대방의 주파수에 맞추어 같이 공명함으로써 상대방이 자신의 내면의 소리를 더욱 잘 들을 수 있도록 도와주는 과정인 것이다. 공명을 하기 위해서는 내 자신이 먼저 비워져야 한다. 그 비움의 과정이 명상이다. 경청을 하기 전에 명상을 하면 그 사람이 하고자 하는 말, 감정, 의도가 훨씬 잘 느껴지는 것은 이 때문이다.

닫는 글
일터는 최고의 수행처

　내면을 향한 여행에서 어느 정도 목적지에 다가갔다면, 이제는 다시 방향을 바꾸어 세상으로 나아가야 할 때입니다. 존재에서 마음으로, 마음에서 몸으로, 몸에서 외부 세계로. 내면의 여행을 통해 얻은 지혜를 가지고 외부 세계로 나아가야 합니다. 자신이 얻은 지혜와 에너지는 세상과 나누고 교류할 때 진정한 가치를 발휘하기 때문입니다.

　세상으로 확장해야 하는 또 다른 이유는, 그렇지 않으면 그 깨달음은 자신만의 잔치 혹은 착각으로 끝날 수 있기 때문입니다. 홀로 수행을 하다 보면 내가 무엇인가 성장한 듯싶고 알게 된 것 같고, 깨우친 듯한 느낌이 듭니다. 그러나 막상 그 깨달음을 가지고 현실에 돌아와 보면 다시 현실의 높은 벽 앞에서 그 깨달음이 착각에 지나지 않았음을 알게 되는 경우가 많습니다. 그러므로 깨달음은 현실 속에서 항상 검증되어야 합니다. 내가 진정 깨달았다면 그것은 어떤 형태로든 현실 속에서 좋은 결과로 나타날 것이기 때문입니다.

그런 의미에서 일터는 수행을 하기에 가장 적합한 장소라고 생각합니다. 나의 성장의 과정이 결과 속에서 한 치의 오차도 없이 드러나기 때문입니다. 착각이 생길 여지가 없습니다. 내가 성장하고 깨달은 만큼 나와 다른 사람과의 관계, 그리고 내가 이룩한 성과는 향상될 것입니다.

퍼트리샤 에이버덴은 "앞으로 21세기 조직의 리더는 깨달음을 얻고서 그 깨달음을 조직에서 실천하는 사람이 될 것"이라고 했습니다. 21세기는 수행을 통해 정신적·영적 성장을 얻은 깨달은 리더, 명상하는 리더들이 사무실로 돌아와 수용과 변화의 리더십을 통해 다른 사람들의 성장을 돕고, 회사와 사회를 보다 정신적·영적으로 풍성하게 만드는 시대가 될 것입니다.

명상을 통해 독자분들이 늘 새로운 시간을 맞이하실 수 있기를 기원합니다.

평온하고 맑은 마음에 눈을 뜨고 곧이어 하루에 대한 설렘으로 자리에 일어나기를, 명상과 스트레칭으로 나의 내면 그리고 몸과 잠시 만나고 하루를 시작할 수 있기를, 만나는 사람들에게 인사를 전하며 나의 평온과 행복이 그분들에게도 전달되기를, 정신없이 밀려드는 일 속에서 마음속 고요한 중심을 떠올릴 수 있기를, 싫어하는 사람, 화나는 감정의 소용돌이 속에서도 그것을 피하지 않고 있는 그대로 바라볼 수 있기를, 이 모든 것들에 따듯한 주의를 기울일 수 있기를, 그리하여 일터에서 가정에서 우리가 발딛은 현실에서 작은 한 걸음 앞으로 내디딜 수 있기를.

긴 글을 읽어 주셔서 진심으로 감사드립니다.

명상에서 찾은 경영의 길

발행일 · 2025년 1월 10일 초판 1쇄
지은이 · 김범진, 노상충
펴낸곳 · 캐럿글로벌
책임편집 · 이소담
외주편집 · 신아름
디자인 · 페이지트리 신미연
주소 · 서울특별시 용산구 한남동 이태원로 268-20, 한남캠퍼스 5층
전화 · 02) 518-5468 | 팩스 · 02)518-5469
홈페이지 · www.carrotglobal.com
이메일 · carrothouse@carrotglobal.com

· ⓒ 캐럿하우스, 2025, Printed in Korea.
ISBN 978-89-6732-329-5 (03190)

* 캐럿하우스는 ㈜캐럿글로벌 단행본사업본부의 임프린트입니다.
* 캐럿하우스는 여러분의 원고 투고를 기다리고 있습니다.
책으로 만들고 싶은 좋은 이야기가 있으시다면, 언제든 캐럿하우스의 문을 두드려 주세요.